EDIÇÕES BESTBOLSO

As seis doenças do espírito contemporâneo

Constantin Noica (1909-1987) formou-se na Faculdade de Letras e Filosofia da Universidade de Bucareste. Embora seja um dos mais representativos filósofos romenos, ainda é pouco conhecido fora de seu país. O escritor foi condenado pelo regime comunista a seis anos de cárcere e depois à prisão domiciliar em uma pequena cidade do interior. Durante décadas se comunicou com o mundo por meio de seus discípulos e amigos. Por ter passado toda a vida na Romênia, sua obra acabou sofrendo um natural isolamento linguístico. Apesar disso, todos os escritores e pensadores romenos de maior sucesso no exterior, como Emil Cioran, Eugène Ionesco e Mircea Eliade, o honraram como mestre e representante do gênio nacional.

CONSTANTIN NOICA

As seis doenças do espírito contemporâneo

Tradução do romeno
FERNANDO KLABIN e ELENA SBURLEA

Introdução, edição e notas
OLAVO DE CARVALHO

Revisão técnica
CARLOS NOUGUÉ

2ª edição

EDIÇÕES
BestBolso

RIO DE JANEIRO – 2024

CIP-BRASIL. CATALOGAÇÃO-NA-FONTE
SINDICATO NACIONAL DOS EDITORES DE LIVROS, RJ

N719s
2ª ed.

Noica, Constantin, 1909-1987
As seis doenças do espírito contemporâneo / Constantin Noica; tradução do romeno Fernando Klabin e Elena Sburlea; introdução, edição e notas Olavo de Carvalho; revisão técnica Carlos Nougué. – Rio de Janeiro: BestBolso, 2024.

Tradução de: Şase Maladii ale spiritului contemporan
ISBN 978-85-7799-226-3

1. Ontologia. 2. Filosofia romena. I. Carvalho, Olavo de, 1947-
II. Título.

11-0371

CDD: 199.498
CDU: 1(498)

As seis doenças do espírito contemporâneo, de autoria de Constantin Noica.
Título número 228 das Edições BestBolso.
Texto revisado conforme o Acordo Ortográfico da Língua Portuguesa de 1990.

Título original romeno:
ŞASE MALADII ALE SPIRITULUI CONTEMPORAN

Copyright © Alexandra Wilson-Noica.
Copyright da tradução © by Distribuidora Record de Serviços de Imprensa S.A.
Direitos de reprodução da tradução cedidos para Edições BestBolso, um selo da Editora Best Seller Ltda. Distribuidora Record de Serviços de Imprensa S. A. e Editora Best Seller Ltda são empresas do Grupo Editorial Record.

www.edicoesbestbolso.com.br

Design de capa: Simone Villas-Boas sobre imagem de Holydiver (Fotolia).

Todos os direitos reservados. Proibida a reprodução, no todo ou em parte, sem autorização prévia por escrito da editora, sejam quais forem os meios empregados.

Direitos exclusivos de publicação em língua portuguesa para o Brasil em formato bolso adquiridos pelas Edições BestBolso um selo da Editora Best Seller Ltda. Rua Argentina 171 – 20921-380 Rio de Janeiro, RJ – Tel.: (21) 2585-2000 que se reserva a propriedade literária desta tradução.

Impresso no Brasil

ISBN 978-85-7799-226-3

Sumário

Introdução	09
1. O quadro das seis doenças	19
2. Catolite	49
3. Todetite	73
4. Horetite	94
5. Ahorecia	113
6. Atodecia	140
7. Acatolia	167

Sumário

AS SEIS DOENÇAS DO ESPÍRITO

Causa imediata →	RECUSA		CARÊNCIA	
Necessidade não atendida ↓	Doença	Exemplo	Doença	Exemplo
Generalidade	1. Acatolia	D. Juan	4. Catolite	Birotteau
Individualidade	2. Atodecia	Tolstoi	5. Todetite	*Os demônios*
Determinações	3. Ahorecia	Godot	6. Horetite	D. Quixote

Introdução

No desdeñéis la palabra,
poeta. El mundo es ruidoso
y mudo: sólo Dios habla.

– Antonio Machado

Constantin Noica, nascido em Vitâneşti-Teleorman em 25 de julho de 1909 e falecido em Sibiu em 4 de dezembro de 1987, é tido geralmente por seus compatriotas como o mais profundo e consistente dos pensadores romenos do século XX. Se permanece ainda amplamente desconhecido fora de sua pátria, isto se deve a circunstâncias peculiares de sua vida. A Romênia é talvez o país que mais tem escritores e filósofos no exterior, escrevendo em idiomas estrangeiros ou traduzindo seus próprios livros, principalmente para o inglês e o francês, este último uma espécie de segunda língua nacional romena. A produção intelectual dos romenos alcança assim fácil difusão internacional e os nomes de Mircea Eliade, Stéphane Lupasco, Eugene Ionesco, Jean Parvulesco, Vintila Horia, C. Virgil Gheorghiu e tantos outros são familiares aos leitores cultos de qualquer parte do mundo, isto para nada dizer de E. M. Cioran, o autoexilado que se impôs – e venceu – o desafio de tornar-se o maior prosador francês do seu tempo. Menos conhecidos são, naturalmente, os escritores que permaneceram na Romênia e só escreveram na língua natal, como Lucien Blaga, majestoso poeta-filósofo. Mas Constantin Noica sofreu algo mais que o natural isolamento linguístico. Condenado pelo regime comunista a seis anos de cárcere e depois à prisão domiciliar numa pequena cidade do interior, só se comunicou com o mundo durante duas décadas por meio dos fiéis discípulos e amigos que o visitavam semanalmente para receber suas lições, entre os quais os dois filósofos romenos de maior destaque na atualidade, Gabriel Liiceanu e Andrei Pleshu, o primeiro, diretor da prestigiosa Editora Humanitas, o segundo, ministro das Relações Exteriores, ambos diretores do New Europe College, que tem sido o principal canal de comunicação cultural entre a Romênia e o exterior. Esses encontros, dos quais Liiceanu deu um relato parcial em seu *Jurnalul de la Paltiniş*,[1] foram compondo o painel de um vasto sistema de educação filosófica à maneira da Academia platônica, muito acima do que o ensino acadêmico de hoje poderia conceber. Mas, além de continuar vivendo através de seus livros e das notas tomadas por seus discípulos, o ensinamento de Noica ainda foi beneficiado por uma circunstância extraordinária, que permite prever uma irradiação ilimitada de sua influência no curso das próximas décadas. É que a Securitate, o equivalente romeno da KGB, instalou microfones ocultos no sobrado de madeira onde residia o filósofo, e, ano após ano, gravou praticamente todas as conversações dele com os discípulos. Caído o regime comunista, Liiceanu e Pleshu empenham-se agora em resgatar dos arquivos da Securitate o material que constitui certamente o mais volumoso registro de *história oral da filosofia* de que já se teve notícia.

Na vasta obra publicada de Constantin Noica, que começa com sua tese de doutoramento sobre Kant (1931), este *As seis doenças do espírito contemporâneo* (1978)[2] avulta como obra

---

[1] *Diário da Paltiniş* (Paltiniş é o nome da região onde Noica ficou em prisão domiciliar; o ş pronuncia-se *sh*). O *Diário* foi publicado em tradução francesa (*Journal de Paltinis*, Paris, La Découverte, 1997). (*N. do E.*)

[2] *Şase Maladii ale spiritului contemporan*, Bucareste, Editura Univers, 1978. (*N. do E.*)

de maturidade, em que uma filosofia longamente meditada alcança enfim aquela expressão simples e nítida que é a marca do gênio filosófico aliado a um talento literário incomum. As *seis doenças* são nada mais, nada menos que as diferentes relações que têm entre si os traços definidores de todo ser, de toda realidade existente: a *individualidade*, a *generalidade*, as *determinações* que situam a individualidade na generalidade. Trata-se, pois, de um tratado de ontologia. Mas, em vez de apresentá-lo à maneira carregada e cinzenta de uma tese acadêmica, Noica preferiu fazê-lo sob a alegoria de um manual de patologia médica, onde, dos padecimentos do espírito humano, a descrição sobe até a análise das limitações e deficiências do ser em geral. E como para chegar a seus diagnósticos ele toma por material de exame as obras maiores da literatura e da filosofia ocidentais, este livro se torna também, de quebra, um ensaio de filosofia da história e da cultura.

A fórmula que dá unidade ao conjunto da obra é de uma originalidade que surpreende. Há um humorismo sutil, melancólico e extravagante, na ideia de nomear os mais sublimes padecimentos do espírito com neologismos técnicos, de composição grega, que parecem diretamente extraídos de um tratado de patologia clínica. Pois é exatamente isso o que espera o leitor nas páginas que se seguem. Constantin Noica empreende aqui uma *patologia do espírito*, não no sentido prático e clínico com que enfrentou matéria análoga o eminente psiquiatra Viktor Frankl, mas num sentido analítico e descritivo que subentende uma anatomia – uma esquemática estrutural – do espírito humano, isto é, uma antropologia filosófica, e se prolonga, quase que naturalmente, numa anatomia e patologia geral do ser: vale dizer, numa metafísica geral. É muita coisa para um livro tão breve, dirão alguns. Mais estranho ainda é que todo esse mundo de intuições fundamentais possa caber na simplicidade esquemática da metáfora médica que resume a sua fórmula: três necessidades espirituais básicas, duas orientações possíveis no modo de atendê-las ou desatendê-las, seis moléstias essenciais possíveis, resultando dessa multiplicação e combinando-se em dosagens infinitamente variadas – como as seis linhas de um hexagrama do *I Ching* – para produzir toda a trama da nossa desgraça e da nossa redenção.

Tudo isso é, de fato, muito extravagante. Mais que extravagante: é romeno. O leitor talvez não saiba o que é um romeno. É um descendente de um antigo povo de camponeses orgulhosos e aristocráticos, fortemente apegados à sua liberdade e à sua fé religiosa e constantemente obrigados a suportar o jugo de invasores estrangeiros – romanos, turcos, russos, alemães –, que forçavam para lhes impor uma fé estranha e línguas estranhas. Sua língua traz as marcas das progressivas misturas. É uma estrutura latina preenchida de sons eslavos, árabes e germânicos. Sob o tacão do invasor, sempre superior em número e em armas, esse povo aprendeu a astúcia. É proverbial a habilidade romena no comércio, na publicidade, no jornalismo – em tudo o que o homem pode fazer sem outra arma senão a palavra. Mas, enquanto desenvolvia as artes da adaptação a um mundo hostil, ele se esforçava para conservar sua identidade, sua religião, seu estilo de viver. A variedade alucinante das situações que atravessou não se reflete em nada, por exemplo, na sua arquitetura, de evolução notavelmente contínua ao longo dos séculos, com os mesmos adornos mitológicos e cristãos das cabanas de pastores do século X a repetir-se nos palacetes da era burguesa, sob uma casca de estilo francês fingidamente copiado para agradar ao visitante. No século XX, esse povo, como todos os demais do Leste Europeu, contaminou-se a fundo dos dois maiores pecados da nossa época: o nazismo e o comunismo. Contaminou-se à força, levado por vizinhos poderosos, que o arrebataram na voragem dos grandes delírios. Mas, mesmo no meio desse turbilhão sangrento, ele buscava, quase extenuado, continuar fiel a si mesmo, impor às ideias estrangeiras, mediante os mais excêntricos arranjos e improvisos, a marca da vontade nacional. Tentou cristianizar o fascismo, tentou nacionalizar o comunismo. Nas duas ocasiões, foi derrotado. É o que sempre acontece a quem se vê forçado a negociar com o mais forte. Quatro ditaduras em um século, duas guerras, inumeráveis revoluções e golpes de Estado: a história romena, um quebra-cabeça que leva o estudioso estrangeiro ao desespero, reflete os movimentos alucinados de um povo que se debate como um peixe fisgado para escapar de um anzol, sabendo que outro anzol o espera mais adiante. O romance romeno mais famoso no exterior ainda é *A vigésima quinta hora*, de C. Virgil Gheorgiu: a odisseia de um homem simples perdido no vendaval do mundo, obrigado a vestir todos os uniformes, a jurar falso a todas as bandeiras, lutando para preservar um fundo de sinceridade na dobra mais oculta da consciência. Os romenos perderam tudo. Não poderiam apelar à consolação grandiloquente dos franceses: *Tout est perdu, sauf l'honneur*. Eles não veem, de fato, honra alguma nos feitos bárbaros da Guarda de Ferro, na corrupção sangrenta dos 25 anos da ditadura Ceaucescu. Têm uma memória terrível, conservam uma recordação deprimentemente exata de cada uma das vergonhas, de cada uma das farsas cruéis que os obrigaram a encenar. Perderam tudo, menos essa exatidão que se chama, precisamente, *sinceridade consigo próprios*, a coragem de dizer a si mesmos verdades terríveis que outros povos, em situação idêntica, ocultariam em proveito da boa autoimagem nacional. Mas ser sincero consigo é o mais precioso dos bens. *Quien habla sólo espera hablar a Dios un día*. Eles perderam território, independência, riquezas e incontáveis vidas humanas, tudo, enfim, menos a *única coisa necessária* – a primeira que tantos outros trocaram por um prato de lentilhas. Este é o segredo de duas características tão marcantes que não se esperaria encontrar num povo tão sofrido e tão realista: um sereno bom humor e um fundo de altivez que não tem nada a ver com orgulho nacional, pois emana de uma luz que não é deste mundo. É a altivez humilde do pecador que, sabendo-se redimido por uma força mais alta, não teme o olhar da malícia humana que busque acusá-lo daquilo que Deus já lhe perdoou.

Ora, não há neste mundo coisa que pareça mais enigmática do que a simplicidade. E os romenos, que são o que são e sabem o que são, veem com resignado humorismo o papel de esquisitões que se reserva àqueles que não são compreendidos justamente porque falam das coisas como elas são. Não há povo talvez no universo que tenha mais que ele o senso da incongruência entre o exterior e o interior do homem, da impossibilidade de expressar a realidade nua e crua sem que ela acabe parecendo uma fantasia alucinada. O dadaísmo, não convém esquecer, é invenção romena. Também o é o teatro do absurdo. Não há coisa que um romeno considere mais divertida do que não ser compreendido quando está dizendo uma coisa perfeitamente óbvia e verdadeira.

Só a um romeno, portanto, ocorreria a ideia de expor a mais alta metafísica na forma literária de uma paródia da medicina. Esse povo tem o gênio da ambiguidade aparente a encobrir uma sinceridade profunda, o qual os brasileiros também têm, mas que nele se mescla a um toque de gravidade tragicômica que nos falta quase por completo.[3] Quem leu Ionesco ou Cioran sabe que em certos trechos de suas obras é *rigorosamente impossível* discernir se falam a sério ou brincando. E é nessa faixa de indecisão e perplexidade que eles colocam o melhor, o mais profundo e o mais autêntico de uma visão romena do mundo.

---

[3] Quase, digo, porque o encontramos abundantemente em Machado de Assis. Mas muito falta para que a sutileza a um tempo amarga e resignada do maior dos nossos escritores se integre na consciência comum, até mesmo das classes letradas, e nos nossos usos e costumes literários. (*N. do E.*)

Malgrado a comicidade quase alucinógena de algumas de suas expressões, seria inexato dizer que essa visão é *irônica*. A ironia pressupõe uma frieza, um distanciamento cerebrino, que pode ser, conforme a índole do escritor, natural ou defensiva. Mas nenhum dos grandes escritores romenos dá o menor sinal de ser indiferente aos sofrimentos humanos ou de pretender defender-se deles mediante um artifício intelectual, seja o da ironia, seja qualquer outro. Ao contrário, eles não apenas assumem o sofrimento e o absurdo da vida com plena consciência da fatuidade desses artifícios, como também procuram expressá-lo da maneira mais franca, direta e literal. É precisamente dessa franqueza que brota, quase paradoxalmente, o efeito cômico, quando o sofrimento descrito, chegando aos últimos limites da opressão e do nonsense, ultrapassa o dom das lágrimas e se converte em riso. Mas seria igualmente inexato dizer que é um riso sinistro, diabólico. Pois a gargalhada de Satanás é a última palavra após a sentença terrível que condena o homem à perda do dom da fala. *Asura*, "demônio" em língua sânscrita, quer dizer: "criatura desprovida do dom da fala." É natural, pois, que o Adversário aspire, acima de tudo, desprover sua vítima daquela capacidade de dar nome às coisas, que a fez com justo orgulho e exata modéstia definir-se a si mesma como *zoon logistikon*, o bicho que fala. Entre os condenados, com efeito, não ouve Dante conversações em língua de gente, mas tão somente *orribile favelle*, gritos e gemidos animalescos que expressam sem nomear, que quanto mais ressoam menos dizem, impotentes para, objetivando a dor, transfigurá-la em consciência, prenúncio da liberdade. Mas, nos livros romenos, o homem recusa a mordaça diabólica: ele continua falando e falando, muito além do ponto em que o eterno Adversário poderia julgar ter-lhe imposto, mediante sofrimentos e absurdidades indizíveis, a impossibilidade de dizer. E o que é que eles dizem? À primeira audição, é uma conversa estranha, um arrazoado fantástico de incongruências e extravagâncias. Ouvindo com mais atenção, notamos que esse jogo de enxadristas doidos tem um método, um propósito, visa com maquiavélica premeditação um alvo preciso e determinado: o que eles buscam expressar – e não raro o conseguem – é justamente a ideia, a estrutura interna, a equação lógica do absurdo, o qual, sem deixar de ser absurdo, jaz assim derrotado aos pés da inteligência humana tão logo formulado em todo o grotesco do seu conteúdo eidético impossível. *Forse tu non pensavi ch'io loico fossi!*, exclama o demônio ao perplexo visitante florentino: "Não imaginavas que eu também fosse lógico!" Mas os romenos, estes sim, o imaginavam, e entregaram-se com apaixonado afã à mais improvável das tarefas: decifrar a lógica demoníaca, sistematizar em silogismos a fórmula do jogo sujo universal, que, uma vez exposto à luz do dia, jaz morto e se transfigura num *monumentum aere perennius* ao dom divino da linguagem humana. Eis por que os livros de Cioran, de Ionesco e este que se vai ler agora têm esta paradoxal e inconfundivelmente romena propriedade de, justamente quando mais nos oprimem com a visão do intolerável, nos libertar de súbito, nos infundir uma luminosidade calma e soberana e nos elevar às portas de um reino angélico de contemplação e sabedoria. Eles celebram a vitória da linguagem sobre o mutismo ruidoso do mundo satânico. O jogo de excêntricos amalucados revela assim sua verdadeira natureza, a missão secreta desses anjos disfarçados em palhaços: é o *divinum opus* da cura pela palavra.

Se a metafísica de Noica aparece portanto em trajes de medicina, sabendo da comicidade da situação, é porque por dentro está consciente de uma comicidade mais profunda ainda: o disfarce é a realidade, a metafísica de Noica é *medicina* no seu mais alto e autêntico sentido. A coisa mais inacreditável do mundo é que as coisas sejam *exatamente* o que parecem.

NOTA SOBRE AS NOTAS

Embora este livro tenha sido traduzido diretamente do original – o tradutor Fernando Klabin é adido cultural do Brasil na Romênia e sua esposa Elena é romena de nascimento –, não hesitei em conservar nele algumas notas da tradução francesa de Ariadna Iuhas-Cornea Combes, publicada em 1991 pela Criterion, Paris, por serem muito úteis para a compreensão de certos trechos.

Quanto às demais notas, ou são do autor, ou do tradutor brasileiro, ou do revisor técnico, ou minhas. Estas últimas requerem um esclarecimento. Refletem algo dos *Comentários* que, sobre este livro, apresentei a meus alunos do *Seminário de Filosofia* do Centro Universitário da Cidade, e não têm, portanto, apenas a função habitual de suportes filológicos. São na verdade partes desta Introdução que, de maneira nada convencional mas muito conveniente, preferiram destacar-se do seu tronco e espalhar-se ao longo do livro, pelo prazer e pela utilidade de ficarem mais perto dos trechos que comentam. Visam chamar a atenção do leitor para a importância vital que algumas ideias de Noica têm para a compreensão da nossa atualidade cultural, e portanto transformar este livro num subsídio para o debate de ideias no Brasil. Não se trata, portanto, apenas de *interpretar* o pensamento de Noica, mas também de sugerir o quanto seria interessante nos *interpretarmos a nós mesmos* à luz desse pensamento. Que um autor romeno já falecido possa ter tanto a dizer ao Brasil de hoje não é, aliás, nada de estranho, quando nos lembramos das afinidades sutis e misteriosas que ligam esses dois países tão distantes geograficamente. A voz dos sábios romenos já nos socorreu em muitas ocasiões, quando necessitávamos de uma ideia, de uma sugestão, de uma solução. Tristan Tzara inspirou o nosso Modernismo; as teorias de Manoilescu inspiraram o nacionalismo econômico da era

Vargas; Gheorghiu abalou nossa imagem rósea do comunismo, antes da queda do Muro de Berlim; Eliade nos ajudou a orientar-nos na barafunda do nosso sincretismo religioso e *O rinoceronte* de Ionesco se tornou involuntariamente um emblema do protesto estudantil durante o regime militar. Os romenos vivem nos ajudando a falar – e a libertar-nos, por meio da linguagem, dos fantasmas mudos que nos assombram.

Faço votos de que Noica dê um impulso substancial a uma retomada do nosso autêntico debate cultural, hoje preso às miudezas da política imediata e acometido – nos termos da medicina do espírito – de temível *acatolia*: a perda do sentido universal da existência brasileira.

Rio de Janeiro, junho de 1999

Olavo de Carvalho

Autoria das notas (indicada por abreviaturas)

N. do A. = Nota do autor.

N. do E. = Nota do editor.

N. da F. = Nota da edição francesa.

N. do R. = Nota do revisor técnico.

N. dos T. = Nota dos tradutores brasileiros.

1
O quadro das seis doenças

Ao lado das doenças somáticas, que conhecemos há séculos, e das doenças psíquicas, identificadas mais recentemente, devem existir outras, de ordem superior, às quais chamaremos *doenças do espírito*. Nenhuma neurose poderia explicar o desespero do Eclesiastes, o sentimento de nosso exílio na Terra ou de nossa alienação, o tédio metafísico, a consciência do vazio e do absurdo, a hipertrofia do eu ou a revolta sem objetivo; nenhuma psicose poderia explicar o "furor" econômico ou político, a arte abstrata, o "demonismo" técnico, nem talvez aquele formalismo extremo que hoje em dia, em todos os domínios da cultura, consagra o primado da exatidão sobre a verdade.

Incontestavelmente, de algumas dessas tendências, se não de todas, nasceram e continuam a nascer grandes obras: nem por isso elas deixam de ser grandes desregramentos do espírito. No entanto, diversamente das doenças somáticas, que são acidentais (a morte mesma, dizem, é um acidente na ordem dos seres vivos), e das doenças psíquicas, que de certo modo são contingentes e necessárias ao mesmo tempo, as doenças do espírito parecem adquirir um caráter *constitucional*.

[DOENÇAS PROVENIENTES DA CARÊNCIA][4]

Desejaríamos, nas páginas que se seguem, mostrar que essas doenças do espírito são, na realidade, doenças do ser, doenças ônticas – e que é isto mesmo que as torna, diferentemente das outras doenças citadas, doenças verdadeiramente constitutivas do homem: pois, se o corpo e a alma também participam do ser, só o espírito pode, em contrapartida, refleti-lo plenamente e dar conta de sua força ou de sua precariedade. E o ser também pode, ele mesmo, *cair doente*; se então é afetado nas coisas viventes ou inanimadas, estas permanecem secretamente bloqueadas por uma dessas doenças, que no entanto se dissimulam por trás da aparente estabilidade das coisas; mas, se é atingido no homem, este último, graças à sua instabilidade superior, revela a sua doença à plena luz do dia.

Por outro lado, o ser pode ainda revelar-se falso. Suponhamos que um cientista descubra o meio de prolongar indefinidamente a vida e que ele ponha sua descoberta a serviço da humanidade: após render-lhe homenagem, deveríamos levá-lo a julgamento. Seu crime seria ter *falsificado* um valor, isto é, o ser. Com efeito, assim como o dinheiro é tentação para os moedeiros falsos, outros valores – o verdadeiro, o belo e, acima de tudo, o bem – podem, eles também, ser uma tentação para os falsários. (Neste sentido, aliás, toda uma parte da técnica poderia, hoje, ser acusada de falsificar, mediante bens inúteis, a ideia mesma do Bem.) Dado que o ser é um valor – se não "o" valor – no seio do real, ele pode ser falsificado. Tal como um moedeiro falso a forjar sua moeda falsa, nosso cientista nos teria proposto o falso ser.

Mas é altamente improvável suspeitarmos da falsidade do ser – como da de uma moeda –, e nosso falsário teria todas as

---

[4]Os títulos colocados entre colchetes são do editor. (*N. do E.*)

condições de permanecer impune. Ao contrário, nos apressaríamos a tirar proveito dessa contrafação, na esperança de dar enfim sentido e plenitude ôntica à nossa existência, a qual, dentro de seus limites humanos, não realiza senão imperfeitamente o seu ser. Em outros termos: mediante essa contrafação – que não deixa de nos recordar a existência da ameba, cuja duração de vida ultrapassa a de todas as existências terrestres –, desejaríamos compensar nosso *vazio* de ser.

Mas pode ser também que essa dilatação de nossa vida no tempo nos permita, enfim, pela primeira vez, tomar consciência de nosso vazio de ser. Não temos (como o diz tão bem E. Ionesco em *Le Roi se meurt*) direito de pedir o prolongamento de uma existência tão irremediavelmente afetada de anemia crônica, talvez de verdadeira hemofilia espiritual; não nos é lícito receber o dom desse prolongamento. Em contrapartida, quando tivéssemos compreendido que a eternidade não é condição suficiente para realizar o ser – e será ela, aliás, condição necessária? –, poderíamos enfim perguntar-nos se é de fato na consciência de sua natureza "perecível" (tão incriminada) que se deve buscar a causa que faz do homem esse "animal doente" por excelência que nele já se reconheceu. Veríamos, então, para além de sua doença "crônica" – se é que chega a ser uma doença o fato de ter sua quota medida no tempo –, perfilar-se as *verdadeiras* doenças do homem, ser nascido no tempo e que não encontra sua medida no tempo.

[I. Carência do individual]

Embora esteja bem claro que o prolongamento indefinido da vida não foi senão um exemplo extremo, destinado a pôr em evidência as carências do ser no homem, escolheremos agora outro, menos estranho, que nos poderá concernir a todos, no futuro. Algumas doenças ônticas, que no homem se traduzem por doenças do espírito, se manifestarão bem mais claramente assim que o homem tiver permanecido por tempo suficientemente longo em estações espaciais, como já se previu que o fará. Faltará a esse novo homem algo que nos aparece logo de entrada como um elemento essencial na realização de nosso ser: a *individualidade*. Esse homem irá, como todos, respirar, mas o ar que irá respirar será condicionado e "geral", não *este* determinado ar de *sua* terra, cujo odor ele tão bem sabia reconhecer; ele se alimentará, por certo, mas, ali também, de substâncias gerais; ele se esforçará, como sempre, na via do conhecimento, mas se interessará antes pelas essências do que pelas realidades particulares; e se alguma planta ainda o puder deslumbrar, ela terá certamente brotado numa estufa. Em parte alguma do cosmos ele reencontrará aquela realidade individual, o sabor particular "desta coisa aqui", o *tode-ti* do filósofo grego, cuja ausência nos faz sofrer bem mais do que a imperfeição. Tanto ele como as coisas que o rodeiam já não terão realidade particular. Por isso ele deverá, de tempos em tempos, voltar à Terra para curar sua *todetite*.

[II. Carência do geral]

Mas doentes afetados de *todetite* já podem ser encontrados, e, aliás, sempre se encontraram, entre as grandes naturezas teoréticas: os heróis de Dostoievski, em *Os demônios*, por exemplo – ou certos heróis de Thomas Mann –, cujos modelos a sociedade real fornece generosamente. Até Platão sofria disso, de tempos em tempos, em sua obstinação – que se pervertia em obsessão – de querer plantar o cenário de sua sociedade ideal naquela pobre cidade de Siracusa. Pode ser, no entanto, que, à medida que a visão teórica e a programação venham a impor seu primado num futuro próximo, a *todetite* (a necessidade de encontrar o individual autêntico) se dissemine cada vez mais em nosso mundo. No momento, ainda é mais frequente a doença que de certo modo lhe é oposta; doença em que o sofrimento não vem da carência do individual, mas, ao contrário, da do geral. Se apelarmos de novo para a língua grega, o "geral", *kathoulou*, lhe dará seu nome: *catolite*.

Em certo sentido, a *catolite* é a doença espiritual típica do ser humano, tão atormentado pela obsessão de se elevar a uma forma de universalidade. Quando, por um gesto elementar de lucidez, o homem desperta da hipnose dos sentidos comuns que geralmente o manobram – no interesse, aliás, da espécie e da sociedade –, ele busca por todos os meios curar de sua amargura de ser uma simples existência individual sem nenhuma significação de ordem geral. Ele busca então, mediante a maior parte de seus engajamentos deliberados, apoderar-se dos sentidos gerais. Com muita frequência cai na armadilha dos sentidos prontos (como as "ideologias" de seu tempo), que não são senão falsos remédios, incapazes de curar seu mal em profundidade. Por isso, quando o homem – até o mais medíocre – prolonga seu gesto de lucidez por tempo suficientemente longo para perceber a futilidade do geral a que se devotou, sua *catolite* retoma toda a sua virulência.

A literatura – traduza-se: a vida – é, ainda desta vez, rica em exemplos. Em seu *Journal de Salavin*, Georges Duhamel descreve a confusão de um homem comum, incapaz de encontrar, em sua mediocridade, recursos suficientes para elevar-se a um sentido geral, e que decide então tornar-se – simplesmente – um santo. A *catolite*, latente em cada um de nós, é aqui deliberadamente ativada e apresenta, no coração mesmo do desastre que acarreta, uma evolução excepcionalmente rigorosa e serena: progressivamente, o herói se afasta da sociedade, da família, da vida cotidiana, enfim, da vida *tout court*, sob a plácida alucinação daquela ordem geral, ordem que estas realidades não poderiam conter. A mesma doença, em contrapartida, assume forma histérica em César Birotteau, o herói balzaquiano que ela precipita nas convulsões patéticas de sua confrontação ilusória – em sua escala de homem comum – com Napoleão. (É por essa confrontação com um destino que lhe parece da mais alta generalidade que o herói espera, na realidade, chegar por sua vez a um nível de afirmação mais geral.) Temos aí como que dois extremos patológicos da *catolite*, mas que parecem enquadrar toda uma gradação de formas, variadas e matizadas, dessa doença que nos espreita a todos, seres desprovidos do geral.

[III. Carência de determinações]

E ao lado da *catolite* e da *todetite* vem ainda atormentar-nos uma terceira doença, também ela proveniente das profundezas de nosso ser espiritual. A ausência de um sentido geral adequado, na *catolite*, e a de uma realidade individual, na *todetite*, não podem, por si, dar conta de todas as crises espirituais do homem. Além de um geral e de um individual, o ser, para se realizar, também tem necessidade de *determinações* adequadas, isto é, de manifestações que possam harmonizar-se tanto com sua realidade individual como com o sentido geral a que tende. E já que a doença é provocada pela impossibilidade de obter tais determinações, poderia-se denominá-la *horetite*, tendo em mente o grego *horos*, que significa "termo", "determinação". Essa doença exprimiria então os tormentos e a exasperação do homem por não poder agir de acordo com seu próprio pensamento e suas convicções. O caso mais extraordinário de *horetite*, na cultura europeia, é D. Quixote. Toda a busca patética do herói espanhol, que com tanta pertinência escolheu a função de "cavaleiro andante", é uma busca de determinações; estas lhe serão recusadas, primeiro, em sua *verdade*, quando ele as inventa por si mesmo na primeira parte da narrativa (não são senão moinhos de vento e rebanhos de carneiros); depois, em sua *realidade*, na segunda parte, onde tudo é fingimento e fabulação maliciosa de outrem.

Mas, como a *catolite*, a *horetite* pode, ela também, assumir formas menos violentas e manifestar-se por uma serena – e inútil – espera das determinações adequadas. É semelhante existência que nos pinta um autor contemporâneo, Dino Buzzati, no romance *O deserto dos tártaros*: seu herói vai deixar-se, ao longo dos anos, literalmente, cair doente de *horetite*, instalando-se como oficial na espera passiva de um incerto combate, em algum lugar num posto de fronteira, contra um inimigo desconhecido. Por fim, seu único verdadeiro inimigo será a morte, essa última determinação que se apodera da vida dos homens, desprovida, como tão frequentemente acontece, de determinações significativas. E aqui também, entre esses dois extremos patológicos do mal, podem-se escalonar todas as formas da *horetite*, a terceira doença espiritual do homem.

Acreditamos ter podido identificar, nas páginas precedentes, três doenças espirituais, que refletem, no homem, as carências possíveis dos termos do ser: geral, individual, determinações. Tal qual em outra medicina – e não sem sorrir –, foi-nos preciso dar-lhes nomes. Mas como não lhes dar nomes, se elas se manifestam tão claramente no homem e, mui certamente – enquanto "situações" do ser –, também nas coisas?

[DOENÇAS PROVENIENTES DA RECUSA]

Todavia, a lista das doenças de ordem superior ainda não está encerrada. Três outros grandes desregramentos se nos apresentam, segundo nos parece, provenientes já não da carência, mas da *recusa*, no homem – sinônimo de *inaptidão*, nas coisas –, de um dos três termos do ser. E já que as três primeiras doenças receberam nome, não iremos privar de nome estas três recém-chegadas ao repertório patológico do ser e do espírito. Tendo em conta seu aspecto privativo, vamos chamá-las: *acatolia, atodecia* e *ahorecia*. Comparadas às primeiras, estas parecerão, à primeira vista, um pouco mais estranhas: por isso, vamos deixá-las à vontade para que se apresentem por si mesmas, através de suas manifestações no homem. E como a cultura é o espelho ampliador de nossa vida espiritual, optamos, também desta vez, por ilustrá-las por meio de três criações literárias.

I. Don Juan e a recusa do geral

Tomemos o caso de Don Juan: não há talvez melhor para ilustrar a *acatolia*. Com Don Juan estamos ante um destino-limite, ante um ser que rejeita categoricamente o geral, até que este se apresente a ele como uma simples estátua de pedra. Em tal destino parece-nos poder ler, num livro aberto, os sintomas desta primeira doença do espírito.

Don Juan encarna plenamente o *primeiro termo do ser*, o individual, pois ele é uma "individualidade" no sentido forte do termo, isto é, um ser humano que conseguiu destacar-se da inércia das generalidades comuns. E, não o esqueçamos, os homens, como as coisas, não são na maioria senão realidades particulares – e não individuais –; são simples casos particulares da espécie e da sociedade.

Don Juan soube, portanto, libertar-se da inércia de uma ordem estabelecida e forjar seu próprio destino. Ele pretende não se deixar mais comandar pelas verdades (preconceitos) da sociedade e da religião. É libertino e libertário, age como bem lhe parece. É neste sentido que ele adquiriu já sua *individua-*

lidade, o que não quer dizer sua *personalidade*: pois, se ele se libertou de uma ordem imposta, deveria agora abrir-se a uma ordem diferente e que lhe fosse própria. Mas Don Juan não se abre deliberadamente a nada. Permanece um "individual" absoluto, o homem do diabo, como no-lo diz Sganarello na versão de Molière, isto é, aquele que está condenado à recusa do geral.

Destacado e como que suspenso acima dos fluxos da existência comum, o individual absoluto não se deixa, no entanto, flutuar ao acaso; é ele mesmo quem se dá doravante suas próprias determinações, é ele quem tem a iniciativa dos acontecimentos que lhe vão modelar o destino. Um libertino como Don Juan, em consequência, faz intervir igualmente o *segundo termo do ser*, pois o libertino é aquele que se dá a si mesmo determinações livres.

Ainda que o Don Juan de Molière não se atenha, na verdade, à conta das *mille e trè* determinações – as mil e três conquistas amorosas –, ele, todavia, faz intervir uma infinidade potencial delas e faz, diante de Sganarello, uma sutil exposição da teoria da necessária infidelidade a qualquer amor terrestre. É verdade que, muito antes de Molière, outro já havia elaborado essa teoria: Platão. Não obstante, enquanto no filósofo a infidelidade a uma só ou a uma multidão de encarnações do belo era uma *ascensão* à Ideia do Belo, isto é, a um geral que conteria todas as determinações daí por diante ultrapassadas, em Don Juan a infidelidade permanece cega e fechada a toda ultrapassagem. O herói quer simplesmente "fazer justiça" à beleza particular de cada uma das mulheres que encontra; ele não sabe fazer justiça à beleza *tout court*, isto é, ao geral. Ama a conquista amorosa em si mesma, pelo simples prazer dos "pequenos progressos" que cada dia ele faz no empenho de "vencer as resistências", e isto lhe basta para julgar-se à altura dos grandes conquistadores. Sente orgulho em subjugar, à sua maneira, a Terra inteira... e deixa escapar a frase que lhe trai o desequilíbrio: ele desejaria, como Alexandre, que houvesse outros mundos – é o que diz –, para neles poder estender suas conquistas até o infinito.

Estando, portanto, de posse dos dois primeiros termos do ser, Don Juan recusa o terceiro: o geral. De sua recusa, porém, eis que surge o "mau infinito" de que fala Hegel: o infinito do "de novo e de novo". É ele que vai aniquilar o herói, pois é ele que aniquila tudo o que é simples repetição de si e retorno do mesmo. No fundo, não há nenhuma necessidade da condenação moral nem do castigo celeste evocados por Sganarello, Don Luis e Elvira. A queda no mau infinito das determinações é, em si, punição suficiente.

Mas se esta desventura do ser – cair no mau infinito – é a sorte tanto dos humanos quanto dos demais viventes, o que, em contrapartida, está reservado somente ao homem no destino de Don Juan é seu *sentimento de culpa*; não tanto a culpa de infringir as leis terrestres ou celestes, isto é, de contravir a um geral determinado, quanto a de ter recusado o geral enquanto tal.

É interessante notar que, diversamente de seus precursores espanhóis ou italianos, que acentuam o castigo divino, Molière parece propor-nos, *ele mesmo*, esta outra interpretação: com efeito, no início – desde a entrada do herói em cena –, a peça concentra-se na confrontação com o geral inerte que é o "Convidado de Pedra". Don Juan vive seus últimos dias: o mecanismo das determinações já começou a se desarranjar, por falta de sentido geral. O herói já não parece regozijar-se com seus "pequenos progressos" – dos quais no entanto continua a se gabar –; já não exerce sua arte sutil sobre vítimas de eleição e já não se vale senão da sedução rasa do pedido de casamento. Com meios mais sutis, Don Juan teria talvez continuado a fascinar um criado como Sganarello; por sua desordem, que nenhum refinamento nem nenhum gozo vêm compensar, ele já não consegue senão exasperá-lo. A desordem engendrada por Don Juan reflete-se, aliás, fielmente na desordem do discurso de Sganarello, que, agora, quer desesperadamente reconduzir o patrão ao bom caminho.

E tanto é verdade que a generalidade inerte pode aparecer em qualquer lugar, que é, então, no meio da peça – em campo aberto, ou, em suma, *não importa onde* –, que surge a estátua do Comandante, o pai de Elvira, o qual Don Juan havia matado. A desordem vem pois opor-se à ordem mais baixa, a ordem do inanimado.[5] Ela, ao menos, deveria aplacar a fúria das manifestações don-juanescas desprovidas de sentido. Os apelos ao arrependimento, renovados por todas as outras personagens – Don Luis, Elvira, o irmão dela quando Don Juan lhe salva por acaso a vida –, parecem outras tantas advertências enviadas pela estátua. Quanto ao próprio Sganarello, não percebe o evidente estado de alerta do geral quando pergunta ao patrão: "Não vos rendeis à surpreendente maravilha dessa estátua movente e falante?" Mas Don Juan responde: "Há realmente algo aí dentro que *eu não compreendo*; mas, o que quer que seja, não é capaz de me convencer o espírito nem de me abalar a alma." Que o nada possa falar em nome da ordem, quando não se soube encontrar uma ordem melhor, eis, na verdade, o que Don Juan não conseguiu compreender.

Mas a desordem absoluta não aparece no próprio Don Juan, pois o herói sabe dominar-se e afrontar; ela aparece, em contrapartida, no último ato, na cena II, no espírito de Sganarello, cujo pensamento agora se perde num delírio argumentativo:

---

[5] O autor associa, portanto, o infinito puramente quantitativo, ou mais propriamente o *indefinido*, à ordem do *inanimado ou morto*, subentendendo a associação, oposta e análoga, do *vivente* ao *infinito metafísico* ou supraquantitativo. A recusa do sentido geral interior, a insistência na autodeterminação absoluta, ou *acatolia*, leva, como num choque de retorno, ao império da repetição mecânica, do infinito inanimado ou sentido geral exterior. (*N. do E.*)

"O homem está neste mundo como o pássaro no galho; o galho está ligado à árvore; quem se liga à árvore segue bons preceitos", e prossegue assim, loucamente, até a conclusão, que no entanto é justa, conquanto sem relação com o raciocínio: "Em consequência, sereis entregue a todos os diabos."[6] É nesse preciso momento que faz sua aparição final o Comandante – o sentido geral exterior; ele o faz para trazer o não-ser a um mundo que se recusou tão obstinadamente a se abrir ao ser. Ele assume, de início, a forma de um espectro de mulher velada, símbolo anunciador da morte: "Don Juan já não tem mais que um momento", diz a aparição. Em seguida, o espectro muda de aparência, como para se aproximar da imagem da inércia última: ele é o Tempo vazio com sua foice, e já não diz nada. Surge enfim o Convidado de Pedra, a estátua mesma do Comandante, que toma o herói pela mão. Ao contato da pedra, Don Juan sente enfim o fogo devastador que o aniquilará.

Nas versões anteriores, espanholas ou italianas, a peça intitulava-se *O convidado de pedra*. É certo que, do ponto de vista artístico, a versão de Molière lhes é superior; mas talvez não o seja o título; pois o "Convidado" encerra, com efeito, o admirável pensamento do geral que o homem se empenha por vezes em arrostar e ao qual tolera apenas como simples convidado, quando seu verdadeiro lugar seria o do dono da casa.

A *acatolia* é a doença do escravo humano que ignora todos os seus mestres, incluindo seu mestre interior.

II. Tolstoi e a recusa do individual

Comparada à *acatolia*, que com suas recusas provocadoras exacerba a individualidade, a *atodecia* manifesta-se com menos violência, pois faz ressaltar o geral, cujas resistências

---

[6]Sganarello é o bom-senso simplório que, percebendo embora confusamente a verdade, não tem no entanto os meios dialéticos de torná-la visível ao homem mais culto e mais cego. (*N. do E.*)

são mais discretas. Doravante, será em nome do geral, isto é, em nome de uma entidade ou de uma lei, que virá a recusa; estranha ao desafio – que em Don Juan se confundia com a revolta –, a recusa atodécica toma ora a forma da compaixão para com o mundo inteiro, ora a da indiferença para com tudo o que é humano e individual. Se nos é permitido ver na *acatolia* o mal característico do nosso mundo europeu, onde primam as individualidades, a *atodecia* será, por sua vez, característica do mundo asiático. Em todo caso, o autor que se encarregou de descrevê-la, e até de viver em si mesmo a recusa do individual, tinha algo de ambas: trata-se de Tolstoi.

O comum dos mortais, diz Tolstoi, ignora que todo ato e toda manifestação dependem de leis que desprezam as individualidades, ainda que sejam da estatura de um Napoleão. Na *acatolia*, era o retorno do geral aviltado que arrastava o indivíduo à perdição; na *atodecia*, é o individual que é desprezado e é a ele que cabe, em sua terrível vingança, a tarefa de despojar o homem atodécico de lugar, de identidade e de fundamentos. Mas nem a *atodecia* nem a *acatolia* poderiam trazer dano à qualidade das obras literárias que as refletem. Tanto *Don Juan* quanto *Guerra e paz*, o romance de Tolstoi que a nosso ver ilustra tão bem esta segunda doença, parecem, ao contrário, ter obtido do mal do homem um acréscimo de sua tensão interna, e – semelhantes nisto a todas as criações artísticas – crescem ao contato das paixões e dos desregramentos humanos. O próprio Tolstoi sofreu as consequências deste mal, pois a *atodecia* o impediu de realizar sua vida e seu ideal. Sua obra, em contrapartida, *teoriza* a *atodecia*, e isto a despeito de que, enquanto obra, venha necessariamente a desmenti-la.

A recusa do individual domina todo o romance, desde a primeira cena, a recepção nos salões de Anna Pavlovna Scherer. Todas as personagens que aí entram – com exceção de Pedro Bezukhov, cuja autenticidade é indispensável ao autor, como eixo central da narrativa – trazem em seu ser a marca de uma sociedade bem estabelecida em suas modalidades gerais e que já não pretende fazer concessões a nenhuma autenticidade individual. Tolstoi, o artista, proíbe-se, certamente, de reduzir sistematicamente suas personagens a simples "figuras típicas": em contrapartida, o atodécico que há nele as saberá pôr em *situações típicas*, ou reduzi-las ao silêncio quando, em sua verdade vivente, ameaçam escapar ao controle do geral e transformar-se em sedutoras individualidades. Os grandes e os humildes sofrem com isso, lado a lado: Napoleão e o czar russo, pelos primeiros, Platão Karataev, o "tipo" do camponês russo, pelos segundos. Entre esses dois extremos, todas as personagens deixam ouvir o ronco surdo de suas pulsações de vida e de autenticidade reprimidas; mas, cada vez, o discurso de um sentido geral procura – e consegue, com muita frequência – deter sua irrupção.[7]

Para esse efeito, uma das funções-chave dos heróis, e em geral de todas as personagens lúcidas, é patentear a vaidade dos seres, tanto a deles próprios como a dos outros. Em Austerlitz, Andrei Bolkonski, gravemente ferido no campo de batalha, percebe Napoleão a contemplar o teatro de sua vitória e diz a si mesmo que o imperador não é senão um nada em face da imensidão do céu. No dia seguinte, quando é transportado entre os feridos de certa patente e revê o imperador, tem de novo a revelação da "vaidade das grandezas". A vaga ou, antes, o refluxo do geral varre assim, impiedosamente, tudo o que ao longo das páginas tentara obter contorno individual. E como se, apesar de tudo, a obra pudesse ainda desmentir a *atodecia* do autor, Tolstoi, num apêndice, dá-se uma vez mais o trabalho de afirmar a vaidade do individual.

---

[7] Nota-se hoje em dia a mesma coisa nas personagens de Soljenitsin, em *O pavilhão dos cancerosos*, por exemplo. No instante mesmo em que parecem a ponto de se abrir à autenticidade e à vida, o autor, sob a pressão das suas intenções demonstrativas de ordem geral, os impede de fazê-lo. Como Tolstoi, Soljenitsin parece-nos sofrer de *atodecia*. (*N. do A.*)

O que é que verdadeiramente *é?*, pergunta-se ele. Qual é realmente o *ser* da história, ou, em termos mais claros, qual é *a força* que faz com que na história – e, em consequência, na narração histórica – as coisas tenham sentido e consistência, tal é a questão essencial que levanta, sem nenhuma ambiguidade, o Posfácio do romance. Muito amiúde, ao nosso ver, as ambições teóricas de Tolstoi foram encaradas com aquela espécie de indulgência que só uma fraqueza da obra poderia merecer, e o foram ainda quando se reconhecia que o visionário e enfim o profeta em que ele se tornou tinham sido, nele, solidários do artista. É no entanto difícil não ver em todas essas digressões teóricas a *probidade* profunda do autor; e é ainda mais difícil, na perspectiva da *atodecia*, que, como doença constitucional do homem, aparece de maneira tão flagrante em sua visão de profeta, não sentir que sua teoria tem algo de tão perturbador quanto sua obra mesma.

Não vamos insistir no fato de que, por definição, a arte faz intervir o individual; de que ela talvez represente, no fundo, a conversão das determinações do individual no sentido do geral; nem de que sua virtude é arrancar as coisas à sua "catá/ strofe" e salvá-las, por uma espécie de "aná/strofe", da queda e do aniquilamento: é natural, pois, que Tolstoi não tenha podido impedir-se de salvá-las, a despeito de seus discursos sobre a vaidade delas.[8] Em contrapartida, observemos que, por vezes, sua

---

[8] A recusa do individual, que tão frequentemente toma a forma de sua redução ao particular, é característica de todas as filosofias da história que buscam, por trás da variedade das ações humanas, a constante ou a lei. Como atitude psicológica, corresponde a uma frieza para com os seres humanos concretos, acompanhada de algum idealismo político-social que, permitindo "amar impessoalmente" a humanidade, a coletividade, a classe, a pátria etc., funciona como um *Ersatz* intelectualmente legitimado para a falta de relações humanas autênticas. Por outro lado, é da natureza da arte fazer foco no individual, no singular, no irrepetível, como bem enfatizava

lucidez teórica foi tão surpreendente e tão sedutora quanto sua inspiração artística, embora, por outros aspectos, pareça ir de encontro a esta última.

"Apreender diretamente a vida" – escreve Tolstoi no Posfácio –, "ainda que seja a de um só povo, a fim de descrevê-la, eis algo impossível." Ninguém poderia, com efeito, encontrar todas as determinações dessa imensa realidade individual que é um povo, como ninguém poderia dizer qual é a força que põe os povos em marcha. De fato, qual é a força, qual a lei, qual a razão interna que cria a história? Já não se pode, doravante, invocar a vontade divina, diz-nos ele; a vontade das massas também não, pois ela jamais encontra sua expressão justa. Quanto à obra dos heróis e das grandes personalidades que os novos historiadores põem em primeiro plano, em lugar da vontade divina, igualmente não responderia à questão, uma vez que se viu neles o humano, demasiado humano, tal como ele, Tolstoi, fez com o czar Alexandre ou com Napoleão. Sob o impulso de sua alma, aberta à humanidade inteira, Tolstoi vê a história como produto de *todos*.

Cada homem é, à sua maneira, um agente da liberdade, liberdade forjada conforme o que lhe sugere sua própria consciência. Mas, ao mesmo tempo, cada homem sente que sua

---

Croce (*Estetica come Scienza de l'Espressione e Linguistica Generale*, I:I). Haveria portanto uma contradição aparente entre a atodecia e a mestria artística, se a arte não fosse, precisamente, vivência imaginativa em vez de experiência direta: se o atodécico, malgrado sua repulsa mórbida ao individual, consegue criar personagens individualizados, é precisamente porque o imaginário funciona como compensação para a sua deficiência de contato com as pessoas reais. Entre os escritores brasileiros, o mais caracteristicamente atodécico é Graciliano Ramos, que com mais facilidade exercia a piedade para com os seres nos quais enxergasse a personificação de uma entidade geral e abstrata do que para com as pessoas concretas do seu *entourage* imediato; em *Memórias do cárcere* ele retrata com dureza uma parente intrigante, mas se abstém de condenar seus perseguidores porque os vê como representantes de uma "burguesia" impessoal. (*N. do E.*)

vontade é entravada por leis – e a razão as descobre no seio mesmo da história: as leis estatísticas, ou as do determinismo político-econômico, por exemplo. No fundo, diz-nos Tolstoi, acontece com a história o que se dá com todas as outras ciências: lá como cá, certas forças se manifestam em forma de leis. A força da humanidade é a liberdade; as da natureza, a força de gravitação, a inércia, a eletricidade ou a vitalidade. Mas que sabemos, com exatidão, de todas essas forças? Exatamente tão pouco quanto sabemos da essência da liberdade. Sabemos, em contrapartida, uma coisa: se houvesse um só corpo que pudesse mover-se a despeito das leis mecânicas, toda a ciência da natureza se tornaria, no mesmo instante, vã. Tal é também o caso da liberdade: ela encontra necessariamente, *em suas fronteiras*, a necessidade.

Censurou-se a Tolstoi o engolfar-se no fatalismo. Poder-se-ia dizer, ao contrário, que ele concede demasiada importância às massas e a cada indivíduo em particular, e que isso o leva ao "infinitesimal" da liberdade – segundo suas próprias palavras –, obrigando-o, afinal de contas, a sacrificar a personalidade humana. Não se poderá verdadeiramente entender a história, diz ele, enquanto se buscar a causa dos acontecimentos na "livre" vontade dos grandes homens, pois se deve, obrigatoriamente, chegar à liberdade infinitesimal de cada indivíduo, a qual, todavia, permanece inacessível.

Mas com a história se dá o mesmo que com a ciência: sem conhecermos a essência da gravitação, podemos compreender-lhe as leis, e, sem sabermos qual a necessidade histórica última, reconhecemos-lhe as leis, *integrando* nela os elementos infinitesimais, também eles desconhecidos. "A marcha dos acontecimentos no mundo depende da coincidência de todas as vontades", eis o comentário do romancista ante o inexplicável na história, que culminava, na época, com a batalha de Borodino.

Refletindo bem, Tolstoi exprime esta verdade admirável, incessantemente confirmada depois pela ciência: a relação de duas séries de desconhecidos pode ser algo de conhecido. Não sabemos o que é a liberdade nem o que é a necessidade, mas conhecemos-lhes a *relação* mútua. O individual dá a si mesmo determinações diversas, que não podemos conhecer na totalidade nem, menos ainda, prever; o geral fornece, ele também, sua infinidade de determinações possíveis e, aqui, organizadas; igualmente desconhecidas. Não obstante, o ser – o ser histórico, no caso – nasce dessa relação entre determinações que, fora de sua conversão num sentido geral, não são senão nada e esse mesmo sentido geral, o qual jamais saberemos se é algo além de nada. Tal como no cálculo infinitesimal, dois nadas engendram algo determinado.

Pode-se, então, encontrar o individual verdadeiro? Tolstoi nos quis dissuadir disso – ao menos em *Guerra e paz* –, e sua grandeza reside precisamente em ter tentado o impossível: rematar sua visão artística a despeito da precariedade do ser histórico de que ele se valera.

Na verdade, para além dos destinos individuais, a que Tolstoi, enquanto artista, devia não obstante dar contorno, para além até mesmo do êxito, desta vez consentido, de uma personagem, Pedro Bezukhov, a obra vive da extraordinária ênfase em outra realidade individual: a época. A esta, nenhuma lei da história na escala humana pode esmagar ou reduzir ao papel de elemento infinitesimal. Em contrapartida, o fracasso, que Tolstoi encontra na pintura daquele que deveria ter sido – malgrado sua aparição episódica – a *personagem-chave* do romance, o camponês Platão Karataev, é profundamente revelador da *atodecia* do escritor. O autor não podia pintá-lo de maneira viva, mas somente como um estereótipo – o "camponês russo" –, que ele esmaga sob o peso das vãs declamações generalizantes. E é ainda a recusa do individual que é traída por essa outra *obra*-chave que deveria ter sido a própria vida de Tolstoi, com seu profetismo, e que terminou por desencaminhá-lo, tanto no mundo histórico quanto no mundo íntimo, até o paroxismo de sua "fuga" de casa, isto é, da mais elementar ordem humana. Se a *atodecia* não fosse, precisamente, a doença típica dos profetas de toda sorte, teríamos podido dizer que ele foi, como Fausto, *"der Unbehauste"*.[9]

III. Godot e a recusa das determinações

Após a recusa do geral e do individual, chega a vez das determinações com a *ahorecia*, evidente doença de nosso mundo "decadente" (pensamos, por exemplo, na *ahorecia* dos *hippies*), embora seja constitutiva do homem e, em consequência, de certo modo, eterna.

Não é de maneira alguma absurdo – ao menos no que diz respeito às consequências práticas do gesto – negar, com Don Juan, a divindade, as leis ou a existência de um sentido geral. Não o é, igualmente, dizer com Tolstoi que o indivíduo, como tal, não existe na história, que ele está sempre imerso em algo mais vasto, que ele é, talvez, evanescente. Não será, em contrapartida, absurdo sustentar que as manifestações do indivíduo, em particular suas mensagens, quando se trata do homem, e em geral todas as *determinações* das situações e dos seres são um nada, não significam nada, ou, no máximo, são intercambiáveis? "Nada a fazer" são as primeiras palavras da peça de Samuel Beckett *Esperando Godot*.

Don Juan era uma natureza individual que sabia dar-se todas as espécies de determinações (*"mille e trè"*) e que, no entanto, ante a ausência de sentido geral, era votada à destrui-

---

[9]Em alemão no original: "o sem morada". (*N. do E.*)

ção. Ao contrário, a visão da história do Posfácio de *Guerra e paz* levava ao aniquilamento, pelo desprezo do individual, essa mesma infinidade de determinações – as livres vontades dos homens – vinculadas a uma necessidade geral última. O absurdo contemporâneo (como aliás o do Eclesiastes) inculpa as determinações – e, primeiramente, a comunicação e os contatos entre os homens –, que ele transtorna, acarretando assim, ele também, a morte do ser.

Cada um desses grandes momentos da literatura põe secretamente em perigo um dos termos do que seríamos tentados a chamar "a tripleta ontológica", que qualquer obra, sem o saber, é levada a reeditar: o *individual*, o *geral* e as *determinações*. Todavia, entre os três, é o absurdo contemporâneo que lesa o ser mais profundamente, e com ele o verbo, pois, desorganizando-lhe e até destruindo as determinações e, mui particularmente, a comunicação, este corre o risco de já não poder exprimir nada exceto o não dizer (como no teatro de Ionesco).

Por isso é no absurdo, bem mais que no trágico de Don Juan ou na tragédia da pessoa em Tolstoi, que é preciso ver os rudimentos do que se convencionou chamar "o trágico moderno". Com efeito, diferentemente do trágico grego, que provinha da supremacia do geral, o trágico moderno alimenta-se da liberdade caótica das determinações possíveis e, enfim, de sua pulverização. O existencialismo contemporâneo parece ter apreendido o aspecto trágico dessa liberdade que pode fazer tudo, mas que se dilacera por jamais saber o que é para fazer; e é nessa perspectiva que a revolução científico-técnica se tornou aos olhos de alguns (o Clube de Roma, por exemplo) terrivelmente inquietante, de tão vasta que é sua liberdade de meios, ou seja, a liberdade de dar vida a qualquer coisa, na selva contemporânea onde se internaram o conhecimento, a criatividade e até o crescimento demográfico, definitivamente livre do *fatum* da mortalidade prematura.

Num primeiro momento, aliás, tal liberdade de determinações, longe de ser percebida como desregramento, adquiriu, ao contrário, aos olhos do homem moderno, o sentido de triunfo e júbilo. Nesse diapasão, as artes, libertas dos constrangimentos figurativos ou religiosos, deram livre curso à sua criatividade e à sua exaltação de poder tudo exprimir; o conhecimento científico invadiu todos os domínios da vida e encarniçou-se em todos os mistérios; a técnica forjou todos os instrumentos, úteis ou inúteis, até fazer concorrência, com seus meios novos, a esse estranho instrumento que é o cérebro humano; enfim, também a literatura se abriu a todas as experiências – descreveu todas as vidas, todas as épocas, todas as consciências com todos os seus recônditos e, também, todos os mundos perdidos, esquecidos ou vindouros.

Não obstante, a que levou essa liberdade total das determinações do ser? Ao ser? De modo algum: muito pelo contrário, ela atingiu as fronteiras do não ser, e aí não há nenhuma condenação da modernidade, nem uma advertência sequer que o homem termine por fazer a si mesmo. Nas artes plásticas, por exemplo, após terem representado tanta coisa (fez-se o retrato do primeiro rosto encontrado, erigiram-se em paisagem os mais humildes esconsos da natureza, em "natureza-morta", os objetos mais banais), os artistas já nada querem representar daquilo que é, e fazem, na melhor das hipóteses, arte abstrata; no conhecimento científico, desde que se encontrou a chave de alguns mistérios do passado, novos mistérios surgiram, como esses paradoxos lógicos que se instalam hoje no domínio científico que deles mais parecia resguardado: a matemática. No domínio técnico, onde os homens novos obtiveram mais do que jamais sonharam nossos ancestrais com sua imaginação preguiçosa e demasiadamente ligada ao modelo animal (Ícaro e seu sonho de pássaro, por exemplo), eles acabaram hoje por estar preocupados em saber se um cérebro que animasse um corpo artificial, ou então um cérebro artificial instalado num corpo humano, governaria o *próprio* homem, outro homem ou um não homem. A poder de dar livre curso a todas as mensagens, acabou-se por exprimir a ausência de mensagem, e, como a própria ausência de mensagem parecia ainda comunicar alguma coisa, descobriu-se a antipalavra, o antissentido, o antidiscurso da antinatureza e do anti-homem.

O êxito de Beckett em *Esperando Godot* – pois a peça é um admirável êxito em seu gênero – é, sob esse aspecto, terrivelmente significativo. O individual ainda se encontra nela; o geral existe, ele também, em algum lugar, com o nome de Godot (*God, Gott*, ou sua caricatura, o senhor das ovelhas e das cabras, aquele que "não faz nada") – o esperado. Já não há, em contrapartida, *determinações*, e os homens, aliás, já não as querem dar-se. Eles as boicotam. Na verdade, não faltam criações artísticas onde se poderia descobrir tal vontade de boicote (da natureza, dos sentidos, da comunicação, da mensagem, da ordem ou dos costumes); mas, diferentemente delas, a peça de Beckett faz efetivamente a *teoria* dessa vontade.

"Nada a fazer", diz Estragon; e Vladimir, que continua, apesar de tudo, a rememorar e a desejar ao menos um pouco de conversa ou de jogo, acrescenta: "Eu começo a crer nisso. Por muito tempo resisti a esse pensamento... E retomava o combate." Não há, porém, nada a fazer, senão esperar Godot. Só o indivíduo, em sua nudez, se levanta ainda ante um geral tão simplificado. Entre os dois, *quase nada*.

Um olha os chapéus, como movido por vaga esperança, enquanto o outro olha para o próprio sapato. E Vladimir pergunta: "E se der arrependimento?" É verdade que haveria de que se arrepender. "De quê?", pergunta Estragon. "De ter nascido?" (E como se poderia esquecer aqui o coro antigo: "Mais teria valido para o homem não ter nascido"?)

"Você queria falar comigo", diz docemente Estragon. E Vladimir: "Não tenho nada para lhe dizer." Estragon reflete em voz alta: "E se a gente se enforcasse?" Eles já haviam suspendido tudo mais. Vladimir responde: "Não façamos nada. É mais prudente." Uma só expectativa ocupa ainda os espíritos, um último resíduo possível: Godot. Que é que lhes poderia dizer o geral? "Estou curioso para saber o que ele nos vai dizer", exclama Vladimir. Estragon, mais indiferente e mais profundamente mergulhado no esquecimento, tem como um sobressalto: e se eles estivessem "ligados" a Godot?

De fato, por estarem vivos, eles estão obrigatoriamente ligados a uma forma de geral – que pode, na ocasião, chamar-se Godot –, e por meio dela, direta ou indiretamente, a outros homens; por exemplo, a Pozzo, que faz agora sua entrada com Lucky, o escravo que ele guia por meio de uma corda. Pozzo, posto ao corrente acerca de Godot, decide: "Também eu ficarei feliz de o encontrar." Mas, esperando-o, ele não se submete a nenhum sentido geral, não obedece senão a seu bel-prazer de senhor, prazer que ele manifesta puxando Lucky pela corda a qualquer pretexto que lhe passe pela cabeça. Ele termina por sentir-se um tanto agradecido aos dois homens, que consentiram em conversar com ele: "Que posso eu fazer, a meu turno, por essas boas pessoas que estão entediadas?" Ele tem piedade, tem, terrivelmente, piedade ante o tédio do mundo. E Estragon ainda enfatiza: "Nada acontece, ninguém vem, ninguém vai, é terrível!"

Tudo é terrível, exceto esperar Godot, que um de seus mensageiros, o portador de respostas estereotipadas, vem anunciar para "amanhã". Um dia seguinte que vai reeditar a véspera. Felizmente Estragon já esqueceu o que fez na véspera junto à mesma árvore que posteriormente se cobriu de folhas como se quisesse dar-se a si própria as determinações que os homens se recusam a si próprios. Estragon, pois, esqueceu: "Que há para reconhecer? Eu atirei minha porca vida no meio das areias. E você quer que eu aí veja matizes? (olhar circular). Olhe-me esta porcaria. Nunca saí dela."

E dela eles nunca saíram. "O que verdadeiramente falta não é o vazio", comenta Vladimir, a propósito de seu destino. "Encontra-se sempre alguma coisa para nos dar a impressão de que existimos." E eles passam a provar os sapatos e, sobretudo, a brincar com os três chapéus – os seus e o que Lucky esquecera na véspera. Quantas combinações se podem encontrar com três chapéus para pôr em duas cabeças! Eles poderiam continuar assim indefinidamente.

Toda palavra é, doravante, supérflua: mostra-o claramente seu jogo de palhaços com os chapéus, e a própria chegada de Pozzo, cego, e de Lucky, mudo, nada acrescenta senão que aqueles que na véspera ainda estavam algo ativos já haviam feito de mais. "Eu já não quero respirar", dissera Estragon. Nessa total entropia humana, "nessa imensa confusão", sentencia Vladimir: "só uma coisa é certa: nós estamos aguardando que Godot chegue."

E eles acocoram-se, em posição fetal, com a cabeça entre as pernas, como se quisessem reencontrar um estado de gestação primordial. Em seguida, chega o mensageiro da véspera, para lhes recordar que Godot virá "amanhã", e é ele quem fornece, nesta ocasião, a melhor resposta à pergunta: "Que é que faz o Sr. Godot?" "Não faz nada, senhor." Compreende-se pois que, num mundo onde até o geral nada tem para fazer nem para ordenar, haja a vontade de enforcar-se. Apenas, em tal mundo, as cordas já não são suficientemente fortes. "Estamos nas areias", como dizia Estragon.

É também o que nos diz O Livro de Jó. Nele, no entanto, o mundo não está vazio de sentido. Somente o absurdo contemporâneo o conseguiu privar dele: já nada significa nada, e toda determinação é supérflua. A *ahorecia* é a doença que exila o homem nas areias do deserto e que manda os jovens para debaixo das pontes, ou seja, para "parte alguma". A *acatolia* e a *atodecia* podiam, ainda, tornar o homem febril e combativo; por seu turno, a *catolite*, a *todetite* e a *horetite* podiam, com seus violentos e febris arrebatamentos ou, ao contrário, numa calma progressão alucinada, abrir-lhe caminho para grandes proezas. A *ahorecia* é a doença do não atuar.

Não obstante, também a lucidez do homem ahorécico e os surpreendentes caminhos de sua inteligência indiferente podem levá-lo à criação. Mais ainda, a *ahorecia* vai ilustrar melhor que as outras doenças do espírito o que nos parece mais impressionante em todas elas: sua capacidade de não tornar inválido o homem – como o fariam as doenças somáticas ou psíquicas –, obsequiando-o, ao contrário, no instante mesmo em que o poderiam paralisar, com forças centrífugas as mais insuspeitadas.

AS SEIS DOENÇAS

Diferentemente das doenças comuns, que, provocadas por circunstâncias e agentes os mais variados, são inumeráveis, as doenças de ordem superior, do espírito, não são mais que seis, pois refletem as seis precariedades possíveis do ser.

A primeira nasce da precariedade da ordem geral numa realidade individual provida de suas determinações. É, no homem, a *catolite*.

A segunda deve-se à precariedade de uma realidade individual que deveria assumir as determinações inscritas numa ordem geral. É a *todetite*.

A terceira situação ontológica é provocada pela carência de determinações apropriadas de uma realidade geral que tem já sua forma individual. É a *horetite*.

A quarta apresenta-se como o oposto simétrico da precedente: aqui é o individual que, após ter alcançado um sentido geral, é incapaz (ou o *recusa*, no caso do homem) de se dar determinações específicas. É a *ahorecia*.

A quinta delas provém da precariedade – e, no homem, da incompreensão – de toda realidade individual em harmonia com um geral que já se teria especificado graças a determinações várias. É a *atodecia*.

Por fim, a sexta precariedade do ser projeta (de modo deliberado, no homem) numa realidade individual determinações que não se apoiam em nenhum sentido geral. É a *acatolia*.

E se foi possível ver no homem "o ser doente do universo", foi provavelmente por causa dessas seis doenças, não por seus males físicos nem por suas neuroses. Naturalmente, elas ainda não tinham sido denominadas, e talvez não tivessem sido claramente relacionadas com as "crises" espirituais do homem; parece-nos, todavia, que é precisamente *delas* que sempre se falou, pois, como quer que seja, só elas – sendo constitutivas do homem – nos podem autorizar a dizer que ele é um "ser doente".

Se, porém, nos contentássemos com a imagem mais comum da doença, como seria despropositado esse qualificativo! O homem não é o único a ser acometido de "doenças ônticas", longe disso; é, ao contrário, o único entre tudo quanto existe a não ser imobilizado por seus malefícios. E a esse respeito a cultura produziu um fenômeno muito estranho: em seus inícios, parecia destinada a pôr em evidência a perfeição das coisas (suas leis e a ordem em que elas repousam – e, com relação ao homem, as leis e a ordem na qual ele deveria encontrar-se); mas sucedeu que, com o tempo, a poder de desvelar suas leis, a cultura acabou por trazer a lume a imperfeição mesma das coisas que aquelas governam.

Os deuses revelaram-se doentes. Após terem criado um mundo bem abaixo do que se poderia esperar, alguns deles se afastaram, tornando-se aqueles *dii otiosi,* aquela espécie de naturezas demasiado gerais, sem rosto nem imagem, que são descritas pela história das religiões; outros, ao contrário, se imiscuíram a tal ponto nos negócios dos homens que se tornaram – como os deuses gregos – puras individualidades, unilaterais e mutiladas em sua excessiva especialização; por fim, outros, que conseguiram salvaguardar sua natureza geral, preservando o rosto e a imagem, perderam seu regime de vida específico (o deus de Platão, por exemplo, que se restringiu a geometrizar para ocupar o tempo) e não mais se souberam dar determinações, ou então se deram, ao contrário, determinações demasiado numerosas (como os deuses da Índia). Decididamente, os deuses são doentes.

Também o céu é doente. Os antigos acreditavam na incorruptibilidade dos astros e das abóbadas celestes (como na incorruptibilidade do divino). Um belo dia chegou Galileu, com sua luneta, e mostrou as imperfeições da lua, para desespero de seu contemporâneo Cremonini, que não as queria ver, já que Aristóteles dissera claramente que a lua era "perfeita". E hoje, ao que parece, já se podem identificar as doenças galácticas. Sem dúvida, um caruncho oculto carcome o cosmos.

Até a luz é doente. Goethe acreditava ainda em sua perfeição, e protestava quando Newton, após experiências, a proclamava impura, porque compósita. Ah! fosse ela apenas impura! Mas é também limitada, e seu passo de entidade cósmica débil conta apenas trezentos mil quilômetros por segundo. Impura, débil, ela ademais é secretamente fissurada, sendo corpúsculo e onda a um tempo. Quantas doenças num só raio de luz!

Quanto ao tempo, esse tempo absoluto, homogêneo e uniforme, em seu equilíbrio perfeito e implacável, não se terá tornado um pouco menos majestoso quando se percebeu que ele não passa de um pobre "tempo local", irmão siamês de um espaço que, por seu lado, considerado até recentemente "ordem universal de coexistência das coisas", se tornou, desde então, mero campo espacial, uma espécie de realidade regional, num universo onde já nenhum conjunto chega a reunir a infinidade de suas partes?

E não se poderá dizer o mesmo da Vida, tal como a veem hoje os biólogos, com suas incertezas e aproximações, fruto de um acaso mudado em necessidade (Monod), espécie de tumefação incidente da matéria – na terra, pelo menos –, abscesso que amadurece dia a dia e que, com o homem, terá talvez o seu fim? E também o *Logos*, coroamento da Vida, não é, com toda a certeza, doente, fragmentado como está em vários idiomas? Pois há que reconhecer, sem sequer recorrer ao mito das represálias divinas, a incongruência entre, por um lado, ele, o *Logos*, estar dividido e, por outro, seu nome mesmo pretender que ele traga em si a unidade da Razão.

Dado que as grandes entidades são doentes (sem contar todas as miúdas realidades, em nossa escala!) e que a cultura demonstra que suas doenças são constitutivas, como não ver aí, então, as doenças do *ser*? Seria preciso, ao contrário, levar em consideração as situações críticas do ser, tanto mais seriamente porque elas tocam diretamente o ser no homem. A cultura trouxe a lume, sobretudo, as doenças das *coisas*, ao passo que o homem pode, por seu espírito e por sua razão, e a despeito de sua vinculação ao Tempo, ao Espaço, à Vida e ao *Logos* – precários, como vimos –, afirmar sua própria superioridade. Não seria o homem, portanto, se não o único ser *são*, ao menos o único *curável*, no universo – sendo tudo mais imperfeito e doente?

Em certo sentido, a sentença de Nietzsche, e, infelizmente, não somente sua – "O homem é o único ser doente do universo" –, foi um dos grandes achados estúpidos da humanidade, os quais temos o hábito de adotar sem o menor exame crítico. No caso em questão, o único fato que teria permitido ao homem *saber* que o ser é doente – e a sentença de Nietzsche é prova bastante! – bastaria para confirmar-lhe o privilégio, único no mundo, de poder superar seu mal só pela força de seu espírito. Naturalmente, o cego de nascença não cobriria os olhos se não soubesse o seu estado. Mas, na verdade, ele não o "sabe" realmente: disseram-lho. Em todo caso, ele não saberá jamais o que é de fato ver. Quanto ao homem, fosse ele esse ser doente por excelência, exilado no meio da suposta "saúde" geral, não permaneceria o único a conhecer, ao mesmo tempo, seu mal e a saúde de tudo mais; em contrapartida, se, em verdade, também tudo mais é doente, como lho mostra a cultura inteira, e se seu próprio mal não representa senão *mais um*, este último é, sem dúvida alguma, de natureza diferente de tudo o que é precário, incerto e doente no mundo.

Com efeito, ao longo das páginas que se seguirão, tornar-se-á cada vez mais evidente que no homem – e só nele – as doenças do ser são *simuladores ontológicos*. Que Ser, aliás, recusaria um excedente de ser? E por que o ser humano seria incapaz de enriquecer o "humano" que há nele? Só a vã e humilhante consciência do "corruptível" e do efêmero, da insanidade que cada uma de nossas tentações de existir e de crer encerra, pode ser doença no homem; ela nos pode debilitar apenas quando não se muda em canto ou poema. Em contrapartida, as doenças do ser, isto é, as doenças de seu ser espiritual, conservam ou, ao menos, podem conservar, em sua desordem mesma, o positivo humano. A desordem do homem é sua inesgotável fonte de criação.

Povos inteiros e até toda uma época se instalam numa ou noutra dessas seis doenças – e daí brotam as fontes de seu gênio. Seis doenças constitutivas do homem parecem, assim, estar na origem de seis grandes tipos de afirmação humana. Para ele, portanto, não se trataria de as *curar*, e uma *"medicina entis"* seria de todo inútil. Importa-lhe, em contrapartida, *conhecê-*

las e aprender a nelas reconhecer-se e ler seu destino. Em certo sentido, elas dão conta tão bem de nossa existência humana, de nossas maneiras de raciocinar e de nossos pensamentos – pois não nascem nossos pensamentos, mui frequentemente, de nossas grandes confusões? –, que poderiam fornecer uma verdadeira trama às nossas orientações. Poderia-se pois falar em *seis* idades do homem, como em seus seis *objetos de amor*, em suas seis maneiras de *crer* e, até, em seus seis modos de elaborar *sistemas filosóficos*; em suas seis *culturas*, em suas seis *liberdades*, em suas seis *experiências da história* e em seus seis *sentidos do trágico*, nos seis *acasos* e em suas seis *necessidades*, em seis sentidos do *infinito* e em seis sentidos do *nada*.

Até onde levar esse exercício sistemático? Quando parar de desenvolver novas variedades de estruturas pela simples reunião, em sistema, das doenças espirituais? O fato de as seis doenças nos permitirem perceber uma diversidade ali onde reina a aparência de um só sentido – quem veria, ordinariamente, mais que um sentido na liberdade, ou no trágico? – parece, contudo, dar-nos aval para continuar. Ademais, as estruturas que assim possamos obter, em domínios tão variados, não estão aí, elas também, para defender nossa causa?

Mas uma ideia que frutifica demasiadamente acaba por se tornar suspeita aos olhos mesmos de seu autor. E talvez haja aí uma sétima doença do espírito: a de acarretar, com uma palhinha de novidade, um imenso tédio. Por isso, contentemo-nos com nossas seis doenças, e tentemos descrevê-las e decifrar a ordem que elas instauram na imensidão da desordem humana.

2
Catolite

Chamamos *catolite* – do grego *kathoulou*, que significa "em geral", mas que igualmente se pode empregar como substantivo – ao conjunto das anomalias provocadas, nas coisas e nos homens, pela carência do geral. Mais exatamente, nada no mundo pode ser verdadeiramente desprovido de sentido geral: assim como toda realidade presente, animada ou não, tem atrás de si alguns bilhões de anos, assim é ela a encruzilhada de inumeráveis sentidos gerais. É possível, em contrapartida, que lhe falte seu *próprio* sentido geral (ou que ele seja incerto). Para o homem essa situação é por vezes dolorosa: é-lhe preciso, a todo custo, e até mesmo quando tem à sua disposição a infinidade de todos os sentidos gerais, encontrar aquele que, sozinho, esteja à sua medida individual. Ademais, este sentido geral não está pronto de antemão, recolhido em algum lugar, num desvio qualquer onde o homem o fosse procurar a seu bel-prazer; cabe ao homem, ao contrário, dar-lhe feição, nova a cada vez, e de acordo com suas manifestações individuais.

Deixando-se, assim, investir do geral, o homem aspira *ser*. Quer ser para os outros, para si, para o absoluto, na história; quer ser monumento, glória ou verdade, ser como um criador ou como um demolidor – contanto que *seja*. Discreto ou exasperado, seu tormento é, no fundo, o tormento do real: também ele, como tudo mais, visa ser – e não o seria senão persistindo nisso. Sim, é tão bom ser! *Ens et Bonum convertuntur*, diziam os medievais. E, ao passo que a placidez das coisas em comparação com o ser provém de elas não poderem alçar-se, por si mesmas, a "outro" geral, o sofrimento do homem reside precisamente em ele *poder* escolher a seu bel-prazer um geral e não poder verdadeiramente alçar-se a ele. O homem é perfectível ao longo da vida, ao passo que as coisas não se refazem senão ao sabor de sua lenta evolução; contudo, tampouco o homem *é* sempre. E é precisamente a esse desequilíbrio, oriundo da busca de um sentido geral, que demos o nome de *catolite*.

A especificidade do desequilíbrio de cada coisa e de cada ser humano transparece na especificidade da inconsistência de suas manifestações. Há em curso no mundo processos os mais diversos; ondas as mais variadas sulcam o espaço; nossos atos e os acontecimentos de nossa vida fazem sentir, sem cessar, sua pulsação; mui frequentemente, porém, nenhuma *realização* os vêm confirmar. Não são senão manifestações "cegas". Mas o serão verdadeiramente, ou nós é que nada sabemos de suas leis nem de sua razão? Não, elas o são em si mesmas, como o movimento browniano das partículas de matéria num líquido.

Exemplo espantoso desse primeiro modo de ser precário, próprio das manifestações cegas, nos é fornecido pela biologia. Nela se estabeleceu, ao que parece, a distinção entre as "proteinoides" e as proteínas: as primeiras são compostas dos mesmos elementos, exatamente, que as segundas, mas, diferentemente destas, o encadeamento das "letras" em seu código genético se forma ao acaso. Representam, assim, uma possibilidade de ser perfeitamente realizável que elas, todavia, não chegam a realizar. Só as proteínas – com a *ordem* de suas letras – têm condições de dar vida, de abrir-se ao ser da vida. As "proteinoides", apesar de suas letras, apesar de suas "palavras", que podem combinar-se, não conseguiram organizar-se em linguagem, isto é, não conseguiram alçar-se a uma ordem geral.

Proteinoides podem ser encontradas em todos os domínios. Muitas substâncias e processos que povoam o real possuem todos os elementos da ordem, sem poder, no entanto, realizá-la: também eles jamais ultrapassam seu estado caótico. O homem, por exemplo, por certo inventou muitas outras maneiras de "comunicar-se", mas, por não lhes ter conseguido dar uma gramática, elas não puderam transformar-se em linguagem.[10] Não se dá o mesmo, aliás, com os próprios homens? Não reeditam eles também, em sua escala, a mesma aproximação ontológica?

Poder-se-ia dizer que Napoleão não foi mais que uma simples proteinoide da história: deu-se a si mesmo numerosas determinações, ou suscitou todas as espécies delas, mas a ordem não se encontrava nelas. Tal ordem – a significação geral de seus atos, sua justificação histórica – ele não a encontrou senão mais tarde, em seu *Memorial de Santa Helena*. A "proteinoide" já não tinha condições de tornar-se proteína. Quando muito, foi integrada em outras "proteínas" – autênticas – da história.[11]

---

[10] O emprego da palavra "gramática", aqui, não é mera figura de linguagem. O papel decisivo da gramática na estruturação do potencial de ação dos seres humanos é enfatizado por Eugen Rosenstock em *A origem da linguagem*. E para os brasileiros não deixa de ser sugestivo comparar o estado de perpétua indecisão em que vive a gramática portuguesa e as seguintes linhas finais do clássico *Os donos do poder*, de Raymundo Faoro: "A civilização brasileira, como a personagem de Machado de Assis, chama-se Veleidade, sombra coada entre sombras, ser e não ser, ir e não ir, a indefinição das formas e da vontade criadora." (1ª ed., Porto Alegre, Globo, 1958.) (*N. do E.*)

[11] Não tendo encontrado sua "gramática" – nem no sentido geral nem no sentido estrito do termo –, a civilização brasileira será uma proteinoide destinada a desaparecer como tal e integrar-se em forças criadoras mais arraigadas e autênticas? Uma ala da nossa opinião letrada afirma resolutamente que sim; a outra, embora proclame que não, fomenta os antagonismos internos que dissolvem toda gramática (geral ou estrita) possível, apressando, portanto, o resultado desejado pela primeira. Quantas inteligências ainda haverá no Brasil capazes de enxergar na lição de Noica, aparentemente tão distante e abstrata, uma mensagem de urgência para a salvação do país? (*N. do E.*)

Tal como as proteinoides que participam da vida, também as manifestações cegas no seio do real são, por isto mesmo, um modo de existir: elas não ficam suspensas no vazio; agrupam-se, ao contrário, em torno de uma realidade individual a que dão expressão: em torno de um destino humano – Napoleão –, ou então de determinada matéria ou de certa situação. Tais realidades individuais se desprenderam da inércia geral e se dão a si mesmas suas próprias determinações; elas, porém, não têm acesso ao código do ser. São apenas feixes de manifestações unilateralmente polarizadas no individual, ao passo que só uma dupla polarização, por meio do geral, as poderia levar a existir harmoniosamente.

A *catolite*, desde o início, patenteou que um geral associado a um individual não traz obrigatoriamente – no homem ao menos – o equilíbrio. "Por que não vos contentais com o que tendes? Não vedes que estais em ordem?", perguntar-nos-ão, e a natureza inteira o poderá repetir a todos nós. Não obstante, o homem não está em ordem: com ele o geral se encontra na situação excepcional de ter de torná-lo específico e a tal ponto que ele possa ser tomado como um individual. O homem deve ultrapassar sua condição individual e confirmá-la, ao mesmo tempo. Deve encontrar não *um* sentido geral, mas descobrir o *seu*.[12] É aliás do imperativo de um geral específico que provém toda a tensão da *catolite*. E é ainda esse imperativo que faz o homem correr o risco de ignorar tudo de sua própria carência por tanto tempo, que ele acabe por não identificar o *seu* sentido geral.

---

[12] O sentido geral identifica-se assim estruturalmente ao *Dharma* hindu, que é o dever universal encarnado na forma íntima de uma existência individual, e também ao sentido da vida na acepção de Viktor Frankl – ver *Sede de sentido*, trad. Henrique Elfes, São Paulo, Quadrante, 1989 –, que é a universalidade do valor descoberta através da individualização extrema do senso do dever: "Que é que tenho de fazer e que ninguém mais no mundo pode fazer em meu lugar?" (*N. do E.*)

Provocada por uma carência de geral, a *catolite* é a única doença espiritual em que é precisamente o geral que é ignorado. Todas as outras se desenvolverão em sua presença, ou se traduzirão por sua recusa consciente (*acatolia*). Aqui, na *catolite*, a consciência do geral ou está totalmente ausente – o que nos dá um *primeiro* tipo de doença –, ou, ao contrário, é exacerbada – e temos, então, um *segundo* tipo de doença. Com Salavin e César Birotteau, fomos confrontados com manifestações do mal que implicavam a consciência da carência de sentido geral; com Bonaparte, em contrapartida, poder-se-ia dizer que estamos na presença de um caso extremo do *primeiro* tipo, aquele em que o sujeito *não sabe* que sua existência é desprovida de significação geral. É por ele que vamos, pois, começar o nosso quadro clínico da *catolite*.

1) Este grande pequeno homem, vivendo numa constante hipertrofia de sua própria pessoa, não recusava a ideia de um sentido geral, como Don Juan; nem sequer parecia dele privado, ao contrário: sentidos revolucionários, destino histórico da França, ideia da Europa, Igreja – de todos esses fazia uso, abundantemente. Não obstante, o próprio uso que fazia deles, subordinando-os com tanta despreocupação à sua pessoa, fornece-nos a prova de sua ignorância dos sentidos gerais e, aos nossos olhos, de sua insubmissão absoluta a toda realidade de ordem mais geral. Ele abandonou sem remorso sua ideia revolucionária; não pôde dar à França nada além de uma boa administração (e uma vã soberba); quanto à sua ideia da Europa, a despeito das consequências que teria podido ter sua aventura histórica, acabou por comprometê-la. As únicas determinações que ele conseguiu dar-se foram suas campanhas – meras *performances*. A carência do geral levou, em seu caso, ao sintoma mais típico da *catolite* dos grandes conquistadores: *a necessidade cega de ação*. Sob esta forma, com efeito,

a *catolite* se torna uma doença típica dos tiranos, de todos aqueles em que as manifestações, desprovidas de sentido geral, passam a proliferar exasperadamente. Quando sua febre de agir atinge o paroxismo, o doente de *catolite* pode, literalmente, abalar a história; transtornado, abalado por seu mal, é a ele que se dirige este muito conhecido adágio: *"Pitié pour les forts."*[13]

Mas, na verdade, o exemplo dos grandes mutilados do espírito, como Napoleão, pode quase deformar-nos a percepção. Também o homem comum está sujeito, de fato, a sofrer do *primeiro tipo* de *catolite*, e é possível até que seu modesto e discreto caso o ilustre melhor que as convulsões dos grandes. A ignorância do geral parece, de fato, ser de rigor em tal homem. Ademais, a falta de sentido e a própria ignorância dessa falta assumem, na juventude, formas a tal ponto sedutoras que cabe perguntar se ainda se pode ver aí uma "doença espiritual". O ser jovem começa, naturalmente, por se abrir a determinações que não têm muito de transcendência. Assim como a criança experimenta a "sede de nomear", ou seja, de fixar as coisas dando-lhes nome, ou, mais tarde, a sede de ter contato com os objetos, na mais pura gratuidade do gesto, simplesmente para ver de que são feitos e para poder manipulá-los, assim o homem, em sua primeira idade – e em sua primeira precariedade –, se dá todas as espécies de determinações e se satisfaz, simplesmente, com sua riqueza, sem se preocupar com uma ordem geral nem com sua necessidade.

A criança invocada por Goethe no poema *Prometeu* ignora tudo de Zeus, ou seja, da ordem geral; ela simplesmente se alegra com a vida, fazendo estalar seu chicote nos cardos do campo. Como ela, Goethe entregou-se impetuosamente, nos primeiros

---

[13]"Piedade para os fortes." Em francês no original. (*N. do R.*)

anos da juventude, à vida e a esse livre jogo de determinações que foram seus dramas para marionetes, as histórias que inventava e contava a torto e a direito, e seu primeiro encontro com aquela que, muitos anos depois somente, lhe aparecerá como uma "generalidade" com o nome de "eterno feminino": Annette de Leipzig. Que dizer, então, de Santo Agostinho, que prolongou muito, até seu encontro com o maniqueísmo (essa primeira oportunidade de entrar na ordem que se oferecera a ele), os anos em que o único sentido de vida possível era a plenitude e a variedade das determinações que os indivíduos se dão e que não remetem a nada senão a si mesmas?

Os homens que não vão muito longe na veia do humano não ultrapassam nunca essa primeira idade, a idade das livres determinações e manifestações – a idade da "caça", como dizia Pascal, e da distração em todas as suas acepções, incluindo a de levar a sério a vida e seu fútil turbilhão de acontecimentos –, e, assim, sua vida se reduz a uma simples sequência de determinações, cuja trajetória seria "o tempo de uma vida".[14] Mas desenham-se já, nesses homens, em seus sobressaltos febris, os primeiros sinais de doença espiritual. Cada vida, até mesmo as que se escoam em perfeita inocência e com aparente saúde, desenvolve em seu seio formas benignas de *catolite*. A distração, que é, no fundo, uma das grandes vitórias que o homem alcançou sobre a necessidade cega, pode transformar-se para ele em castigo. ("A sociedade das distrações", suspirou-se por vezes com inquietude.) Certos teólogos, aliás, descreveram o Inferno como uma festa que começa, prossegue, se estende, não acaba mais... e, assim dilatada, revela seu vício oculto.[15]

---

[14]É desnecessário enfatizar que praticamente toda a literatura brasileira, com exceções que se contam nos dedos, se esgota na contemplação do "fértil turbilhão", sem sequer se colocar a questão de um sentido geral. (*N. do E.*)

[15]Veja-se, nos anos recentes, a extensão progressiva do carnaval brasileiro para trás e para diante dos três dias que o demarcam no calendário. (*N. do E.*)

Um mal secreto esconde-se por trás de tudo o que empreendemos em nossas jovens horas. Certamente, nenhuma consciência de nossas faltas vem ensombrar essas primeiras exaltações, quando vivemos sob a magia dos verbos: partir, alçar voo, sonhar ou, então, destruir, construir, edificar nosso próprio mundo, um mundo para todos, um mundo melhor. Verbo após verbo, eles nos solicitam, e nos oferecem tanto espaço que nenhuma sabedoria nos poderia frear a vocação do ato. Então o verbo ainda é puro, sem advérbios; ele ainda não tem outros limites senão o verbo vizinho, igualmente puro em suas promessas de ação. Algo deveria, entretanto, inquietar-nos em seu exercício singular. Mas o tempo de outra angústia, para além da de seguir ainda mais longe o verbo puro, ainda não é chegado.

Ninguém saberia nessa idade deter-se e ponderar se seu caminho, tão prometedor de riquezas, tem um sentido e uma razão: "Tudo o que me faz prosperar é verdadeiro", dizia Goethe, em sua imensa inocência. Acumulamos gestos, como acumulamos ouro, na secreta convicção de que um dia o nosso ter se transmudará em ser. Todos os entesouramentos, incluído o enriquecimento de conhecimentos – e até, em nossos dias, a pletora de objetos técnicos, bem ou malvindos –, seduziram, sem exceção, o homem, simplesmente por sua enganosa promessa de serem verdadeiros porque foram obtidos. Tal como outrora, talvez, o homem cria em seus mitos simplesmente porque os narrava, nós continuamos, hoje, a crer nos nossos. Com efeito, em sua criação literária, o homem moderno crê que todo destino individual ou coletivo que tem desenvolvimento artisticamente feliz *é*, no plano da cultura e do pensamento. Também em sua pintura, acreditou que tudo o que ele representava, o rosto mais humilde, a porção de natureza ou realidade mais insignificante e, mais tarde, a mais abstrata das estruturas, tinha assegurado seu investimento ontológico desde que realizado com arte. E ele continua a crer, em sua criação musical, que pode transformar em harmonia até as mais terríveis estridências sonoras e conferir-lhes, assim, o direito de ser. "Ser" – onde? e como? Ignoramo-lo, como aliás ignoramos se tal acumulação é à nossa medida e à do nosso mundo. Todavia, "sou rico de gestos e de criações, logo existo" – eis como raciocina aquele que se ilude com sua doença.[16]

Mas seria isso, no fundo, uma forma de doença ou, ao contrário, uma prova da saúde do homem? Num primeiro momento, na verdade, nem uma nem outra. Pois, se a saúde espiritual do homem supõe o encontro de seu individual com um sentido geral, esse encontro bem se poderia dar nas manifestações descritas: ele se traduziria, então, pela conjunção de um individual com um *possível*. Por que, então, não veríamos o possível como a forma mesma de realidade do geral ou, pelo menos, uma forma que o expandiria e enriqueceria? Há que reconhecer, com efeito, que nesse primeiro momento, em que suscitamos o possível para a vida, há algo de inocente (a inocência do vir a ser), e que a presença de um sentido geral pode, por conseguinte, não ser ainda indispensável. Está aqui em jogo o direito à criação, que o homem se deu, ou seja, "o direito de aumentar a natureza no seio da natureza", o qual Schiller reservava apenas aos gênios. Toda criação inocente parece encerrar algo de puro.

Em suas primeiras tentativas de criar, próximas ainda do estado de natureza, o homem contenta-se em dar novas determinações a uma realidade individual encontrada ao acaso. Um tronco de árvore, um bloco de pedra transformam-se, assim,

---

[16]Nada mais característico da cultura brasileira recente do que a ênfase no valor autônomo da "riqueza" cultural, considerada independentemente de toda subordinação hierárquica a um sentido geral. (*N. do E.*)

em mesa e em cadeiras, numa *Mesa do silêncio*, de Brancusi;[17] uma pedra polida pelas ondas pode tornar-se, pela mão hábil do homem, num corpo humano, enquanto, na criação literária, um destino individual pode encontrar-se em todas as espécies de aventuras e situações de vida, semelhantes às de Ulisses. Num grau superior de sofisticação, onde porém a natureza e a cultura seguem ligadas, Balzac fornece-nos, em seus romances – até o momento em que toma consciência da existência de um fundamento geral da sociedade: a *Comédia humana* –, um encantador exemplo da associação do individual com o possível que não somente exprime a diversidade (ou antes a selva) social de sua época mas também "aumenta realmente a natureza no seio da natureza", e até "faz concorrência ao estado civil", segundo a consagrada expressão. Será preciso concluir que se Balzac não tivesse chegado à ideia (ao geral) da *Comédia humana*, seus romances não seriam mais que vã acumulação de êxitos artísticos carcomida por um oculto câncer da criatividade?

Seria por certo imprudente apressarmo-nos a ver sintomas de doença espiritual em todas as obras que não foram criadas sob o signo de um sentido geral explícito. Na verdade, o sentido geral explícito não pode estar de todo ausente das criações bem-sucedidas, pois, precisamente porque "agradam" aos outros, expressam necessariamente *seu* pensamento e *seu* ideal, elevando-se, assim, ao espírito geral de toda a comunidade. No fundo, cada obra de arte encontra em si mesma sua própria justificação – como a encontravam os romances de Balzac –, e isso independentemente de seu alcance ulterior. Por isso, se podem acumular criações, até o momento em que no próprio resultado feliz se começa a fazer sentir certo

---

[17]Escultura que compõe, juntamente com o *Portão do beijo* e a *Coluna sem fim*, o complexo estatuário da cidade de Târgu Jiu, executado por Constantin Brancusi (1876-1957), escultor romeno radicado em Paris e considerado um dos maiores escultores modernos. (*N. do R.*)

mal-estar (como na admirável, mas fastidiosa, história de Thomas Mann que é *José e seus irmãos*), sinais de desorientação do artista com relação à sua arte, uma espécie de cansaço do artista, que sentem em conjunto o criador e seu público. Neste momento, se o que falta não é verdadeiramente *o* geral, é, ainda assim, a carência de *outro* sentido geral o que se trai. Pensamos na pintura flamenga, por exemplo, que por vezes deu a impressão de repetir demasiadamente a mesma coisa; ou na música contemporânea, que expressa tão maravilhosamente bem tudo quanto a querem fazer expressar, incluindo esse *tcedium culturae*, essa lassidão generalizada que a deveria invalidar; ou, ainda, em Picasso, em que os sinais de cansaço criador decorrem explicitamente de sua extraordinária prolixidade; enfim, na cultura antiga, em que o número limitado de temas – os cento e dez assuntos de tragédia arrolados por Goethe – levava ao impasse da criatividade e, a um tempo, à proliferação de obras. Em suma, certa exuberância criadora, conjugada com o duplo primado do culto do possível e do culto da mestria artística como valores em si (sempre estimados nas épocas decadentes), a que vem secundar nos dias de hoje a excelência da execução e da direção, parece-nos solidária da perda de si na "ação" que era patenteada, nos tiranos, por seu estado catolítico. Existe, pois, um indício de sutil miséria no momento mesmo de glória aparente de toda cultura chegada ao ápice de sua realização.

Mas, se ainda assim permanece difícil dizer com precisão a partir de que momento a arte começa a dar sinais de doença do espírito – e, por conseguinte, a partir de que momento a técnica se torna numa proliferação mórbida –, a fronteira entre a doença e a saúde parece mais fácil de determinar, e mais simples o diagnóstico, quando se trata da vida moral do indivíduo ou da vida histórica das comunidades (para a *catolite*, ao menos): podemos dizer que há doença desde o instante em que o indivíduo e a comunidade estão libertos – com razão ou não – da tirania de dada ordem geral, sem no entanto entrarem em outra ordem que lhe seja "própria".[18] Temos à nossa disposição duas nítidas ilustrações deste tipo de situação: a parábola do filho pródigo, para a vida moral do indivíduo, e a própria história, para a vida das comunidades. É, aliás, possível que a história do filho pródigo, por um lado, e a história, por outro, sejam os paradigmas mesmos da *catolite*, em sua primeira variante.

"Farei o que bem entender", diz o filho pródigo, e parte para o mundo, libertando-se assim dos sentidos gerais de sua família e de sua comunidade, a fim de se dar determinações arbitrárias cujo alcance geral ele desconhece: pois é precisamente a tirania da generalidade que, em casa, o exasperava. Ei-lo liberto dela. Se gosta do espetáculo feérico da natureza, ele não tem senão de mergulhar nela; se quer percorrer o mundo, percorrê-lo-á; quando quiser descobrir a ordem ou as desordens do amor, procurará o amor. Ele vai errar assim,

---

[18] É absolutamente obrigatório meditar a situação brasileira à luz desse preceito. Toda a nossa cultura formou-se na linha de uma progressiva busca e afirmação da identidade nacional e do nosso lugar específico no mundo. Esta linha foi bruscamente rompida entre as décadas de 1970 e 1980, já não nos sobrando hoje, como alternativas possíveis à queda no puro gozo da proliferação quantitativa, senão dois modelos gerais importados prontos e não amoldados (ou ainda não amoldados) à individualidade nacional: a "modernidade capitalista" e o "socialismo", este último, pior ainda, reduzido à pura abstração de uma "ideia" cujas encarnações históricas foram invalidadas. A paralisia intelectual daí resultante dá origem à decadência da cultura e ao rebaixamento de todo o debate nacional ao nível da política imediata, dos problemas econômicos, do denuncismo indignado e estéril que prenuncia a eclosão de divisionismos fanáticos (o separatismo sulista, o apelo da *affirmative action* à hostilidade racial). Ou o Brasil reencontra o *seu* sentido geral, ou todas as ações coletivas, não importando a intenção ideológica que a legitime subjetivamente, concorrerão para dissolvê-lo numa unidade mais vasta e poderosa. (*N. do E.*)

sem o saber, de uma significação geral para outra, fornecendo a prova, explícita ou não, de que sua única liberdade reside em procurar seu próprio sentido geral. Não obstante, nem o filho pródigo nem nenhum outro aventureiro saberiam reconhecer o seu, pois não podem descobrir nenhum, persuadidos que estão de que sua liberdade é feita de "pura" aventura.

Apenas, não é absolutamente necessário invocar o geral para que ele esteja ativo – por sua presença ou por sua ausência – na desordem aparente da aventura. Todo percurso e toda vagueação representam uma *via* e têm seu próprio traçado no mapa do coração, da mesma maneira que uma curva, traçada ao acaso, tem sua equação matemática. Na falta de se dar conta disso, o ser humano se vê confrontado com a ordem mais baixa, a necessidade cega, como o foi Don Juan (doente de *acatolia*), que as livres manifestações exacerbadas levaram à necessidade mais comum: a morte.

O filho pródigo, o homem do "faço o que bem entendo", não toma emprestada senão por um instante a face de Don Juan. Sem o saber, ele tem à sua disposição sentidos gerais muito mais variados que o simples erotismo – que ele aliás não recusa, mas tampouco transforma em desafio à sociedade. Sua arma não é a contestação: é a infidelidade. Mais profunda que a infidelidade de Don Juan, que tem por objeto tão somente as mulheres – e que se manifesta, portanto, no interior de um só sentido geral –, a infidelidade do filho deve ser compreendida como o afastamento de toda ordem geral dada.

Em verdade, ele próprio deveria dar-se um sentido geral, mais apropriado, mas o hábito de fugir de tudo, sem distinção, sua prodigalidade demasiado volúvel impedem-no até de pensá-lo. Sua doença é antes uma carência (de que ele nem sequer tem consciência) de todo sentido geral – uma *catolite* de primeiro tipo. Se tivesse tido conhecimento de uma ordem geral através da qual pudesse realizar-se, ele não teria saído de casa, ou, fazendo-o embora, teria partido em busca desta ordem, precisamente; teria então ao menos *descoberto* por que fora reduzido a tomar conta de porcos. Mas o filho pródigo ignora tudo dos outros sentidos gerais; por isso, porque experimenta a necessidade de estar sob a proteção de uma ordem qualquer, volta-se de novo para a ordem familiar. Com um pouco de sorte, teria podido viver em palácios, em vez de tomar conta de porcos; contudo, por pouco que tivesse sido honesto consigo mesmo, teria, ainda assim, voltado para casa. Pois, a despeito de sua juventude e de sua verve, o filho pródigo está realmente doente. Levou seu mal consigo através do mundo, e agora volta para continuar a sofrer – mas fazendo-se ao menos acarinhar pelo pai. Na verdade, porém, o pai (a generalidade da família) já não poderá senão acarinhá-los – a ele como a seu irmão, também doente, mas de um mal diferente.

As comunidades históricas não têm, infelizmente, esta última consolação de um "em casa". Quando seu destino ou sua aventura na história as reduz ao triste estado de tomar conta dos porcos dos outros, elas muito amiúde se apagam, como pobres guardadores de porcos; ou, então, em circunstâncias favoráveis e por sua própria revolta, algumas delas conseguem sair da escravidão, enquanto outras são condenadas, como tantos filhos pródigos, a errar incessantemente através da história. Com efeito, a maioria das comunidades e dos homens dá-se – mui frequentemente sem perseguir nenhum sentido geral – determinações variadas, cuja lenta acumulação aspirará um dia a ser chamada "história". Mas que pode ser ela, a história, nesta perspectiva? Como consigná-la? Goethe recusava-se a ver a história como verdadeira disciplina da cultura humana, assim como não considerava a história real uma elevação ao sentido do devir humano. A história vivida reduzia-se, a seus olhos, à soma do porvir coletivo, de sorte que a única história escrita que ele considerava autêntica era o registro "biográfico" dos acontecimentos. Muitos historiadores, entre os quais os que ignoram o geral e a ideia na história, contentam-se de fato – conquanto sem disto se dar conta – com escrever a "biografia" dos acontecimentos. Perdem-se então nas crônicas e nos documentos, ou na história das famílias principescas da Renascença, assim como se perderam elas mesmas nas areias da história. Nada teria sentido? Nada de geral as teria vindo vertebralizar?

O exemplo mais espantoso de povo impotente diante da precariedade das manifestações cegas, e que terá ignorado de todo seu sentido geral, é certamente o dos celtas: já alguns séculos antes da nossa era, e até os nossos dias, neste vasto território que vai dos confins do mar Negro à França, à Espanha e à Inglaterra, os celtas, com efeito, obraram constantemente – como tão judiciosamente se ressaltou – para minar todo Estado constituído, mas não souberam elevar-se, eles próprios, à sua própria ideia de Estado e à sua própria realidade histórica. E, embora a história seja repleta de exemplos de grandes anônimos que não souberam encontrar um sentido geral próprio, um malogro tão constante como o dos celtas parece-nos não ter equivalente – ao menos no espaço europeu. Se se pode falar de *catolite* nos povos, ou seja, um sofrimento provocado pela ignorância ou pela ausência de um sentido geral, nenhum dos povos conhecidos padeceu tanto dela quanto os celtas.

De uma maneira ou de outra, todavia, a *catolite* do primeiro tipo (a que ignora a existência de sentidos gerais) ameaça quase todos os povos: até os que se alçaram à ideia geral do Estado, dando-se até, em seguida, à guisa de "missão histórica", um sentido geral, nem sempre guardam disso uma consciência muito clara e terminam por navegar à deriva, sob seu pavilhão e ao sabor de sua boa vontade, como uma espécie de "barcos bêbados"[19] da história. E se alguns têm a sorte de alcançar um

---

[19]Alusão ao poema de Arthur Rimbaud "Lê bateau îvre". (*N. do E.*)

porto, os outros, na febre de seus acessos de *catolite*, se apressam a partir, como se nada do que voga no oceano da história devesse encontrar repouso na ordem do geral.

Retomando, agora, os principais traços postos em evidência pelo quadro clínico de todos os casos de *catolite* analisados precedentemente, apercebemo-nos de que ele se desenha cada vez como uma réplica do espírito à ausência – indistintamente percebida – de um geral capaz de modelar o destino e as condutas dos seres e das comunidades. Essa reação do espírito tem, de início, algo de positivo: traz consigo, nos anos da inocência, a sedução do *verbo puro*, livre para se abrir a todos os objetivos e a todas as aventuras. Em sua angústia diante do vazio (o vazio da existência), o espírito ativa a riqueza do *possível*, que ele, porém, não resolve pelo real – ainda quando o realiza –, contentando-se em apresentá-lo como uma reação em cadeia, possível após possível. Sem o reconforto das acumulações do vivido e, em casos privilegiados, da criação, o espírito possuidor de tal exuberância se arriscaria muito a perder-se. Pois suas acumulações, ainda que lhe sirvam de baliza, não podem ultrapassar o domínio da quantidade, como a longa série de vitórias de Napoleão, a qual permaneceu, ela também, pura acumulação; o homem cujo coração não é serenado por nenhum sentido mais amplo de seus atos vê-se forçado a seguir sempre em frente, rumo a outras façanhas, não encontrando satisfação senão em sua velha droga: a ação. Se a excessiva proliferação de células num organismo trai uma carência do sistema de controle genético, a busca da pluralidade como fim em si é prova bastante, no plano do espírito, do câncer do Um. Sem o controle de um sentido geral, as determinações tornam-se necessariamente *pletóricas*: por isso, disfarçada em saúde, a abundância pode paradoxalmente trair as vicissitudes por que passa o espírito.

Por que toda essa agitação?, perguntava um indiano aos europeus, como, em sua perspectiva oriental, cabe perguntar

O primado do verbo, da ação, do possível, das acumulações e da proliferação acaba por ser a síndrome de um esbanjamento e de uma perda de si. Ao filho é mais adequado o epíteto de "pródigo" que o de "errante", que lhe deram alhures; seu mal é prodigalizar seu ser através do mundo – como os povos esbanjam o seu através da história –, ao passo que é possível unificá-lo por meio de um sentido. A esse respeito é profundamente significativo a ciência da história ter nascido no continente europeu, onde mais a *catolite* faz estragos; porque os povos que vivem sob o império do geral – como certos povos da Ásia – não têm necessidade de história. A estes também, no entanto, *outras* doenças do espírito os vêm atormentar.

2) Até aqui, apenas a primeira variante da *catolite* foi objeto de nossas preocupações: aquela em que falta não somente um sentido geral apropriado mas também a consciência dessa carência. Na segunda variante, que no entanto é profundamente solidária da primeira, a *catolite* assume uma feição diferente. Como se tratará doravante de doenças espirituais conscientes de seu mal – a carência de um sentido geral apropriado –, o clima da doença será mais refinado, embora seu padecimento seja mais intenso. Nesta forma, a *catolite* é uma das doenças reservadas ao homem que já se alçou à cultura e, em todo caso, uma das doenças dos obcecados pela *lucidez.*

Os mais vulneráveis aos ataques da segunda forma de *catolite* são os cientistas, quando saem das zonas de segurança de sua especialização e sentem necessidade de filosofar. Com efeito, ante o espetáculo de um mundo onde *deveriam* – sobretudo em sua perspectiva científica – transparecer leis e sentidos gerais e onde estes últimos não se mostram senão sob a forma da necessidade mais rude, os homens de ciência são vítimas de um autêntico mal espiritual – como sucedeu ao biólogo Jacques Monod. O homem de ciência tem, por assim dizer, conhecimento do geral: apenas, quando se encontra impossibilitado de o localizar no real, ele proclama apaixonadamente – ainda que secretamente embaraçado – que o mundo, na perspectiva da ciência, não passa de um encadeamento cego. Mais de uma vez tal visão veio a lume ao longo da história, de Epicuro e Lucrécio a Jacques Monod. Mas como este apresentou o fato de maneira tão provocadora, somos tentados a nos limitar a seu caso.

Que o mistério da vida se reduza à conversão de um acaso em necessidade, que a vida não seja senão um acidente no universo e o homem um simples nômade, sem eira nem beira, quantos sábios desiludidos e cínicos já não no-lo disseram? Que tais considerações tenham sido agora repisadas por Monod em *O acaso e a necessidade*, à luz das novas conquistas da ciência – em particular a descoberta do código genético, para a qual ele próprio contribuiu –, interessa-nos menos como visão filosófica (porque não se trata, já o vimos, senão de reedição) do que como sintoma de um mal espiritual que não para de ameaçar os sábios e, em geral, os espíritos "lúcidos".

Quantas objeções não se fizeram e quantas ainda restam por fazer a tal visão do mundo? Poder-se-ia dizer, por exemplo, que o acaso que se transforma em necessidade ("acaso captado; conservado, reproduzido... e convertido em necessidade", *op. cit.*, p. 112) pode perfeitamente ser tomado, em outro momento da ciência, por algo muito diferente do acaso; que, de qualquer modo, temos aqui uma forma de acaso bem trivial, que não seduz senão o jogador comum (o qual, aliás, tem uma ideia demasiado trivial da necessidade, chegando a fazer dela uma *superstição*); enfim, que numa sã perspectiva filosófica – se há que falar do acaso e da necessidade – existem igualmente outras formas, mais refinadas, de acaso e de necessidade, as quais serão patenteadas, mui oportunamente, pelas cinco outras doenças espirituais. Por ora, o essencial é, ao nosso ver, que se tenha podido, nos dias de hoje, em pleno triunfo da pesquisa científica, reativar uma doença que nos é constitutiva no puro estilo do pensamento científico clássico. E isso a tal ponto que é de perguntar se não são precisamente essas doenças espirituais que servem de modelo e dão o primeiro impulso a nossas visões de mundo. É possível, assim, que de quando em quando a *catolite* tenha trazido ao mundo verdadeiros sistemas de conhecimentos, nos quais o geral não passe de cega e fortuita necessidade, como em Epicuro ou em Monod.

Não obstante, porque se trata de uma carência de geral acompanhada de sua sobreaguda consciência, são as visões filosóficas que parecem exprimir, melhor ainda que as visões do mundo fundadas na reflexão científica, os desregramentos ocasionados pela *catolite*. Foi o que fez, em nossos dias, o existencialismo, e de maneira particularmente notável. De fato, se alguém quiser ver, *na escala da cultura*, o que é verdadeiramente uma doença espiritual, com toda a sua contribuição positiva e seu poder de criação, então deve, sem dúvida alguma, debruçar-se sobre o existencialismo.

Seus representantes – e também seus precursores – sempre souberam reconhecer, pateticamente às vezes, o aspecto doentio do espírito humano, seu tormento de saber, por um lado, que lhe é preciso procurar a todo custo uma ordem geral e, por outro, que ele jamais a encontrará. Um Santo Agostinho, no fim da Antiguidade, e, mais tarde, um Pascal viveram e pensaram, a despeito das aparentes certezas que pareciam ter em seu engajamento religioso, um dilaceramento dramático, *privados*, no fundo, do que professavam já possuir. Todavia, neles a busca era ainda equilibrada por uma evidente abertura para o geral; num Kierkegaard, em contrapartida, e mais tarde no existencialismo ateu (particularmente o francês), onde o primado do geral foi definitivamente usurpado pelo individual, vemos aparecer a exasperação, as contorções do espírito e o desespero.

Kierkegaard é, sem dúvida, o grande doente de *catolite* de nossa história da cultura. Ele conhece o geral, sente-lhe a presença (como uma maldição quando se trata de seu pai), percebe-o e reclama-o em cada instante de sua vida e, ao mesmo tempo, desvia-se dele e atrapalha-se em seu destino individual. No bom tempo de seu amor por Reghina Olsen, ele pergunta-se em termos absolutamente claros se lhe é preciso "realizar o geral ou não", aceitá-lo, nas circunstâncias de então, sob a forma aparentemente comum do casamento e da submissão aos mandamentos religiosos e sociais. Ele não somente não o realizará como dele se distanciará, mergulhando tão profundamente numa experiência individual que terminará por declarar que tudo o que escrevera (toda a sua *reflexão* sobre o *seu* geral) fora só para a glória da amada. Se é verdade como se afirmou, que ele proclamou, em oposição a Hegel e a todos os apóstolos do geral, o direito à subjetividade, e que sonhou com uma humanidade de *indivíduos* autênticos, então é verdade que realizou suas aspirações em sua própria pessoa. Se, em contrapartida, ele quis ao mesmo tempo – como igualmente se afirmou – encontrar o geral no individual, então amargou uma derrota: ele soube evitar o panteísmo – pois nele se cai facilmente quando se abandona a categoria do geral –, mas não suficientemente o primado do individual, com seu corolário: o desespero.

Há outros pensadores que, como Kierkegaard, permaneceram encerrados no individual e nas determinações, não pela ilusão da experiência imediata e positiva do individual, mas por mera incapacidade de se alçar a um sentido geral, do qual porém têm consciência.

Neles as determinações de *existência* prevalecem sobre a "essência" (donde o termo "existencialismo"), como se dá, de maneira absolutamente explícita, no existencialismo de Sartre. A ascensão, tão harmoniosa em Platão, do individual ao geral através das determinações é aqui maltratada, e o individual termina por ficar amarrado em suas próprias determinações em vez de se abrir através delas; e o encontro mesmo com o geral, se ocorre, não é mais que um "tremor", segundo o filósofo dinamarquês, e não um entrar em ordem. Privado do apoio da essência ou do geral divino, o existencialismo foi forçado a admitir seus limites e acabar-se seja no silêncio, com Heidegger, seja – o que é quase inconcebível para uma visão filosófica – numa confissão de submissão a outro sistema de pensamento, com Sartre e sua enfeudação marxista. Sem apoio exterior, o existencialismo leva ou à consciência do exílio do ser humano, como na visão dos cientistas, ou à exasperação, ao "tremor metafísico" e à angústia.

No fundo, o que nos parece estar na base tanto do existencialismo como da "lucidez" dos modernos em geral é, para além das concepções metafísicas, o equívoco quanto à significação do nada e o medo desarrazoado diante da "nulidade".[20]

Em verdade, num domínio *definido* da realidade a nulidade não é terrível em si e não deveria provocar o sentimento do nada: a nulidade, ou seja, um lugar vazio, no domínio da química, da biologia ou do espírito, coexiste perfeitamente com o pleno, como se pode constatar na tabela dos elementos químicos e talvez em outros quadros da realidade; alhures, as diversas espécies de nulidade obtidas na perspectiva da consciência não são senão tranquilas realizações lógicas ou epistemológicas do real positivo, por seu negativo, como nas quatro formas de nulidade de Kant (*nihil privatium, ens rationis, ens imaginarium* e *nihil negativum*). Não se poderia falar em "nada" quí-

---

[20] O original, *nimic*, significa tanto "ninharia" quanto "nada". O tradutor francês dá *rien*, mas "nulidade" é mais exato. (*N. do E.*)

mico, ou físico, nem em "nada" lógico. É somente no interior do ser que as formas da nulidade podem desequilibrar o real. Se por vezes, é fato, elas revelam enquanto carências a via da realização necessária, alhures podem também determinar a imobilização das coisas. O vazio de ser, que em certo sentido é tão prometedor, mas que pode igualmente despertar, pelas imobilizações que acarreta, o sentimento do nada, concerne aos três termos do ser: o geral, as determinações e o individual. Foi talvez por isso que o existencialismo ignorou que topava num nada de tipo *particular* e nada mais.

É pois possível que, ali onde se deveria encontrar o geral na economia do ser, haja apenas "nulidade". As pessoas vivem a vida pacificamente e buscam, nas acumulações de sua própria existência, ora sua própria liberdade e as obrigações do mundo, ora sua necessidade interior e a contingência do mundo; nos dois casos, a vida é generosamente provida de determinações variadas. Elas veem em seguida o espetáculo da realidade, dos seres e das coisas, presos nas redes do individual, manifestar-se em sua diversidade e povoar o teatro do mundo com sua louca exuberância. Nas horas em que o homem e as coisas ostentam tantas riquezas, é, com efeito, muito difícil crer no vazio. E, na verdade, o vazio não existe; é possível, em contrapartida, que haja o *nada* (ou sentimento do vazio), isto desde o instante em que passa a faltar a boa conversão num sentido geral que possa dar consistência a toda essa riqueza. O nada é uma irrealidade muito mais sutil que o vazio; no coração mesmo de uma plenitude aparente, ele nos arranca às vezes um "mas não há nada aqui". É o que aliás nos diz, mui amiúde, a sabedoria de nossos anos maduros.

Esse nada de dissolução (pois que há outros tipos de nada) é também o mais comum, o que sentimos todos na experiência, tão banal, do "efêmero" e do "finito" que a vida e as coisas encerram, ainda que nem sempre sejamos capazes de enxergar a causa dessa dissolução na ausência de um sentido geral. Naturalmente, *a consciência* dessa carência acarreta um sentimento ainda mais profundo do nada, pois o homem sabe, doravante, que deveria haver alguma coisa ali onde não há nada. A ruína do individual e das determinações que ele acumulou são coisa pouca e insignificante diante da carência de geral. "Deus está morto", grita-nos Nietzsche, ardendo ele também das febres da *catolite*. Mas como esperar, com ele, substituir a presença do geral pela simples "vontade de po-der" do homem, ou até por esse patético "eterno retorno" das coisas que vem a ser? Não se pode senão *enfrentar* o geral, e o trágico embate que a isso se segue (o "Dioniso contra Cristo" do delírio de Nietzsche no limiar da loucura) é a experiência *extrema* da *catolite*.

E é numa das formas do trágico (uma de suas *seis* formas, diremos nós) que culmina a *catolite*: o trágico do embate entre duas ordens "gerais". Com efeito, privado de geral e consciente da gravidade de tal falta, o *próprio* homem pode dar-se a si mesmo sentidos gerais e em seguida opô-los ao que ele já não soube reconhecer. Antígona invoca as "leis não escritas" para infringir as leis da cidade; e o Cid, a lei da honra para fazer frente às leis *tout court*; do mesmo modo, Nietzsche proclama-se deus para arrostar o divino. O trágico, em sua variante clássica, e as formas extremas da *catolite* acabam pois por coincidir, e sua modalidade será o terrível enfrentamento dos sentidos gerais no sujeito consciente.

No sujeito que ignorava o geral, a *catolite*, em sua primeira variante, manifestava-se como perda de si no ato, excesso de ação, exuberância do possível, obsessão de acumulações, pluralidade cega, proliferação; na segunda variante, quando a doença é acompanhada da consciência do geral ou, antes, do sentimento de sua ausência, surgem as experiências espirituais do acaso mudado em necessidade rude, o sentimento do exílio, da perda de si, da angústia e da exasperação, do trágico reencontro entre um sujeito investido de um falso sentido geral e o próprio geral. O mundo deveria ter sentido, mas não o tem, aos olhos do catolítico. *Ele próprio* tenta dar-lhe um, e se debate e atormenta para o obter, mas nunca o consegue impor. Ele sofre. Sua doença, contudo, foi por vezes um benefício para o mundo.

3
Todetite

É a doença causada pela carência do individual, e que pode chegar até a ausência efetiva "desta coisa aqui" (*tode ti*, em grego antigo), pela qual deviam realizar-se tanto o geral como suas determinações. Enquanto a *catolite*, como inaptidão para obter um sentido geral adequado, era a doença espiritual da *imperfeição*, a *todetite* é de certa forma a doença da *perfeição*, ou seja, no homem, da disposição teórica particular em que ele coloca sua servidão a um sentido geral, e que o impede de encontrar seu individual apropriado.

Poder-se-ia em certas circunstâncias descobrir que o mal age na própria natureza; imputa-se a culpa disto ao próprio divino. A consciência religiosa do homem frequentemente se atormentou, ante o pensamento da perfeição do divino, por não o ver encarnar em nada, procurando-o incansavelmente nos meteoritos caídos do céu ou nas realidades que na Terra lhe pareciam miraculosas. Que o cristianismo tenha adquirido, no curso da história, um lugar à parte entre as demais religiões não deixa de ter relação com o fato de ele ter tido força para assumir radicalmente (como testemunham os concílios da Igreja – desde o de Niceia) a encarnação individual do divino. Tudo se passa como se a encarnação não fosse um dom feito pelo divino ao mundo, mas a si mesmo: mediante ele, o ser divino ultrapassa o nada e a ausência de identidade de sua própria perfeição.

Antes, pois, de nos voltarmos para a doença do homem instalado no geral, podemos falar de doença das próprias realidades gerais. Tanto o tempo absoluto, imaginado, muito antes que Newton o concebesse, pelo senso comum, quanto o espaço absoluto ou o ser de Parmênides eram realmente doentes de perfeição. Nada de individual os vinha macular, levando-os a uma "realização", mas também nada de individual podia resistir a seu contato. O tempo aparecia então como uma grande ironia metafísica; ele não se afirmava – nessa concepção – senão para em seguida melhor proceder a seu próprio desmentido; ou, então, semelhantemente a Cronos, ele incansavelmente engendrava rebentos para os devorar no instante seguinte. Também o espaço era simultaneamente princípio de individualização (*hic et nunc*) – graças a seu poder de determinação espacial – e princípio de dissolução de toda localização. Com relação aos tempos reais da ciência dos dias de hoje, individualizados em função da espacialidade que os cinge (sendo o tempo terrestre diverso dos tempos cósmicos), o tempo absoluto bem merece o "tudo quanto há de mais forte e mais frágil a um tempo" de Hegel. Em relação ao espaço-campo da nova ciência, o conceito de espaço absoluto designa o vazio mesmo.

Os próprios princípios que lhe correspondiam na lógica padeciam do mesmo mal: em relação à identidade real de coisa em modificação perpétua (ou do "eu", que é o mesmo embora o homem não cesse de se modificar), o princípio da identidade expresso por A = A é uma verdadeira alucinação lógica; em relação às contradições efetivas no seio do real, o famoso princípio de contradição (que a nova lógica infelizmente conservou) exige, ele também, tal perfeição das coisas que nem sequer a matemática está a salvo de graves contradições.[21]

---

[21] O princípio de identidade não se aplica portanto à coisa empírica, senão indiretamente e através da mediação da essência. O leitor deve resguardar-se de ver neste trecho uma recusa radical do princípio de identidade, a qual resultaria na supressão de toda universalidade possível e, portanto, na universal *catolite*. (*N. do E.*)

E se a "doença" das entidades gerais e de suas projeções lógicas parece a alguns mera metáfora, ninguém pode, em contrapartida, negar os efeitos mórbidos que elas puderam ter na consciência do homem. Sua perfeição, na ausência de qualquer abertura para o individual – ao qual tais entidades deveriam contudo remeter –, deu ao homem a forma mais nobre de *todetite*, mas também a que lhe é mais difícil de suportar, não só como homem religioso mas também como ser pensante e conhecedor; pois, com efeito, a *todetite* está associada aos recursos superiores do espírito, em primeiro lugar o conhecimento. Ter-se-ia podido crer que o mundo moderno, trazendo consigo a degradação das instâncias supremas (o divino, o ser puro, o tempo e o espaço absolutos) e a relativização de toda entidade geral pelo conhecimento, iria livrar-se da obsessão da perfeição, ou seja, de uma das formas de *todetite*. Mas, de novo, produziu-se algo totalmente inesperado: conquanto o conhecimento *exato* tivesse dissipado a nebulosidade de todo e qualquer absoluto exterior, permaneceu no homem cognoscente a obsessão do absoluto da exatidão. Todas as perfeições se dissiparam ao contato dos conhecimentos, mas permaneceu, ainda, a exigência de perfeição do próprio conhecimento.

A necessidade de exatidão absoluta encontrou surpreendente expressão na lógica simbólica, cujo ideal de rigor é tal que ela descobre graves imperfeições em tudo o que constituiu pensamento organizado e em tudo o que é afirmação do *logos*, a começar pelas linguagens naturais, e até revela contradições e paradoxos na própria matemática. Tão grande exigência de rigor não poderia deixar de reativar a doença espiritual da *todetite*, sob a forma do sofrimento de não encontrar realidades individuais à sua altura e de ter, por conseguinte, de as inventar e apresentar unicamente como modelos ideais.

Aliada à máquina e ao maquinismo, incluindo a automação – aos quais ela é aparentada, favorecendo-os –, a lógica simbólica exprime, em estado puro, a preeminência do geral sobre tudo o que pode haver de individual e, assim, o primado absoluto do rigor, da exatidão, da perfeição mecanicista e racionalista, que são para o ser natural do homem uma ameaça de desregramento por excesso de regulação. Aquilo que teria podido despertar a doença espiritual no homem antigo – seu sentimento e sua convicção de que existe um mundo *incorruptível*, em face do qual o seu próprio não é senão o lugar do corruptível e do individual –, o mal que, todavia, *não atingiu* os gregos antigos, protegidos por não sei que instinto de saúde, pode atingir-nos, os modernos, hoje, na era de todas as descrenças e de todas as desmistificações. Pois, se a lógica e a máquina exprimem, em estado puro, a forma do incorruptível do homem moderno, sua exigência de rigor e de infalíveis reações em cadeia se manifesta, concretamente, em toda a cultura científica, por numerosas que sejam ainda hoje suas deficiências, em muitos domínios, em matéria de exatidão absoluta; elas levam, assim, não somente a uma tensão dramática do conhecimento mas também, para nós, a uma forma de trágico diferente daquela em que podia culminar a *catolite*: o trágico do conhecimento suspenso, quando o homem dispõe de um geral perfeito, mas apartado do individual.

Nas ciências, é verdade, o homem é, e deve ser, uma ausência – como aliás tudo o que é individual. Toda ciência é a redução de uma diversidade à unidade e, por conseguinte, de certas determinações a um geral. Seu problema principal sempre foi fazer de maneira que a variedade das determinações da natureza – que o homem de ciência enriquece com as determinações da experimentação – pudesse encontrar leis capazes de instalar em todas as partes a ordem e a verdade do geral. A indiferença com relação ao individual não é somente o assunto daquele que conhece e de seu universo (o "sujeito" não conta), mas toca igualmente o objeto individual desse conhecimento. Pois, quando conhece, a consciência "devora" seu objeto (Fichte), anula-o enquanto tal, reduzindo-o à lei, se não à mera expressão de ordem matemática.

Que importa que tudo o que é natureza oscile? *Fiat scientia pereat mundus*. O individual enquanto tal, ainda que seja o Grande Indivíduo que é o nosso planeta, é posto entre parênteses diante da verdade de conhecimento. Mas não há, aqui, senão uma aparência de trágico, dir-nos-ão talvez, no sentido de que o homem quereria conhecer *alguma coisa* e de que ele depara ao fim e ao cabo com um espectro ou uma "épura" matemática: seja. Há, em contrapartida, um verdadeiro sentido trágico nas aplicações técnicas desse conhecimento que, no instante mesmo em que se resolve a reencontrar uma realidade individual, se torna uma ameaça a todas as realidades individuais efetivas, ou então as substitui por outras, pura e simplesmente explosivas.

Assim como escolheremos mais adiante a arte da música para ilustrar o impasse trágico da cultura em outra doença espiritual, já podemos mostrar o impasse da cultura científica não através do exemplo da física e de seus terríveis perigos, os quais já ninguém ignora hoje, nem através do da química e de suas poluições, nem sequer através do da biologia, mas sim debruçando-nos simplesmente sobre a medicina, que está atualmente na situação frágil de não poder recusar-se a salvar a progenitura da humanidade, sabendo perfeitamente que acelera assim a explosão demográfica, ou seja, que põe em perigo a vida mesma da humanidade; e é ainda a vida que ela compromete e ameaça de degradação, por prolongar indefinidamente e até a demência a velhice do homem.[22]

---

[22]É muito revelador, a esse respeito, que o prêmio Nobel de biologia Crick tenha proposto não mais se administrassem medicamentos às pessoas com mais de oitenta anos. (*N. do A.*)

Todavia, uma vez mais – como no caso da *catolite* –, o sentimento do trágico que aflige a consciência do homem acometido de *todetite* já é sinal de *paroxismo* da doença. Por isso a descrevemos, nas situações mais comuns, analisando-a em suas formas incipientes e mostramos, tal como a respeito das demais doenças constitutivas do homem, a que ponto tais manifestações podem ser luminosas num indivíduo jovem, e que virtudes mobilizadoras e criadoras ela desperta mais tarde na vida, para não encontrar senão no fim algo de seu impasse trágico.

Apoiando-se primeiramente na perfeição, depois na exatidão e, finalmente, na infalibilidade de sua reação em cadeia, o geral faz entrada *solene* na vida e na cultura do homem. Mas sentidos gerais desta espécie, que não conseguem encontrar seu individual – e que podem, assim, esmagar toda realidade individual em sua esfera de ação –, são ativos não somente nas formas *superiores* do conhecimento mas também em suas formas imediatas. Em comparação com as outras doenças espirituais, a *todetite* é velha como o mundo. Ela é, indubitavelmente, a doença típica de metade da humanidade, a saber, as mulheres, que, tendo uma natureza mais geral que a dos homens, visam fixar a espécie num individual: um amor, um filho, um lar. Mas, por outro lado, todo ser humano sofre de *todetite* em certo momento da juventude, sob o impacto de seu idealismo – por vezes algo tolo e, no entanto, rico de belezas e exaltações –, em particular sob a magia do *ideal* – essa primeira e obscura ascensão ao plano de um sentido geral –, de que ele se torna, por um instante, prisioneiro.

Sob a forma do ideal, o geral atua nos jovens, sobretudo sobre os impulsos do coração. Ele sente uma espécie de felicidade – antes que ela se transforme em sofrimento –, na *indeterminação* mesma do sentimento despertado pela experiência do geral. Gostar-se-ia muito de fazer, sem saber bem o quê, desejar-se-ia muito mudar o mundo, sem saber como; querer-se-ia amar, sem saber a quê. Há tanto ardor, tanta generosidade e tanto amor em nós, que nos parece podermos neles instalar-nos, como que suspensos. *"Amabam"*, diz Santo Agostinho, *"sed non sciebam quod amabam."*[23] Por seu turno, Goethe ama Frau von Stein antes até de a encontrar, seduzido pelo simples contorno de seu rosto visto apenas de relance. O estado prima sobre o conteúdo, nas coisas do coração. O espírito, quando se impregna de sentidos gerais, transforma o homem num ser ativo, ansioso de realizar o geral; quando, em contrapartida, é o coração que cai nas redes do geral, ele permanece suspenso um instante. Não somos nós aquele que ama; é algo que ama em nós. Dir-se-ia uma boa plenitude passiva, se não houvesse ali uma forma de desequilíbrio espiritual, aparente assim que o ser sai desse estado de suspensão. Ele corre o risco então, com efeito, de não encontrar nada à medida do ideal de seu coração, ou, ao contrário, de fixar-se no primeiro individual encontrado, como Fausto, que, rejuvenescido pelas feiticeiras, via a imagem da bela Helena na primeira moça vinda ao seu encontro. E é precisamente o amor – que deveria poder reconhecer o individual num *tode ti* privilegiado – que pode, sob pressão do geral, cegar-nos diante do individual.

O ideal, porém, como expressão do geral vazio, não atua somente sobre o coração: ele atua igualmente sobre o espírito, em certos momentos e sobretudo em certa idade da vida. É a idade tenra da "consciência teórica". Quase infalivelmente, chegado a esse ponto, o jovem cai num geral degradado. E isso sucede até mesmo aos grandes espíritos, Goethe deixava-se, nos anos de juventude, persuadir pela teosofia, certamente por influência da Sra. von Klettenburg, mas acolhendo-a com um entusiasmo que nos mostra quanto o jovem poeta tinha necessidade de um sentido geral, qualquer que fosse. Santo

---

[23]"Eu amava, mas não sabia o que amava." (*N. do E.*)

Agostinho, movido pela mesma necessidade, é seduzido pelo maniqueísmo, que lhe saciará por um momento a sede de geral, mas não o deixará disponível para outra experiência da mesma ordem senão após o tão esperado e decepcionante encontro com Faustus, pregador maniqueu.

Típico desta idade – e particularmente impressionante – é o fato de o ser individual entregar-se, quase totalmente, aos sentidos gerais cuja revelação ele teve, e de encontrar mais delícias na experiência da ordem que o geral impõe às variadas determinações do que numa real afirmação de si, ou na não menos pessoal aplicação desse geral a situações reais. A teosofia para Goethe e o maniqueísmo para Santo Agostinho representaram em dado momento essa resposta *total* de que todo homem precisa na juventude, ainda que não se tenha verdadeiramente feito todas essas perguntas, e ainda que tampouco saiba o que fazer com tais respostas. Nesse estado de certeza, e até durante o sono dogmático da segunda idade, o homem corre o risco de deixar-se tomar por todos os fanatismos ideológicos, pois todos lhe parecem tão mais convincentes quanto mais ele tenha esquecido o eu e o mundo, Mas o individual, em sua dupla forma de "realidade exterior" que resiste e de verdade do ser que não se deixa confiscar demasiado tempo pelo ideal, reivindica seus direitos. O sentimento da *inadequação* se insinua no coração daquele que sofre de *todetite*, assim como aparecia na *catolite* o sentimento do exílio.

E, contudo, não é só nessa idade, mas em qualquer momento da vida, que o homem se rejubila de ver como ele próprio se elevou e como as coisas que o cercam se elevaram ao geral, até com o risco de não mais saber ancorar, nem de as ver ancorar, no individual.[24] As variedades tentam tornar-se espécies, demonstrava Darwin; os *organitos*, de que se ocupam hoje nossos biólogos,

---

[24] A abordagem clássica do tema do ideal como fuga à realidade individual concreta está em Paul Diel, *Le Symbolisme dans la mythologie grecque*, Paris, Payot, 1950. (*N. do E.*)

aspiram tornar-se verdadeiros órgãos. Semelhantemente, o homem gostaria de ver destacar-se de toda a variedade de situações em que ele se encontra e de toda a variedade de determinações que ele se deu uma versão menos efêmera, uma espécie de variedade que se tornasse espécie, isto é, uma lei válida para o maior número. E por lhe ser impossível procurar a lei na integralidade de sua vida – dado que essa integralidade jamais é dada por antecipação –, o homem procura-a nos fragmentos de sua existência, postos um após outro. É assim que ele se apercebe, com surpresa, de que em sua vida, como na dos outros, os acontecimentos, aparentemente desordenados, obedeciam em verdade a uma ordem; pela primeira vez confiante, ele se entrega enfim a seus mandamentos (o "espírito objetivo" de Hegel), mediante os quais, aliás, a sociedade o tentara modelar e submeter, muito antes de ele aceitar curvar-se conscientemente a eles.

A alegria de ver, pois, que determinações aleatórias são, na verdade, tecidas na trama da lei social e histórica pode levar o homem, a todo momento, até o esquecimento de si e de tudo o que é individual e fazê-lo ver o formigueiro do mundo como uma forma válida de subsistência, transcendendo o modo dos formigueiros singulares. Involuntariamente, ele se entrega a essa espécie de prazer (que provém menos do conhecimento que da existência) de viver as situações gerais, ou de ser vivido por elas (por um entusiasmo coletivo, pelo espírito objetivo de uma carreira, por circunstâncias históricas de dominação, pelo espírito do momento ou pelas ideias em voga), de maneira que, doravante, o geral com as determinações que nele se prendem prevalecerá sobre todos os sentidos individuais e adquirirá uma espécie de autonomia.

Mas seria possível apropriar-se verdadeiramente desses sentidos gerais? Na realidade, o homem não encontra neles senão uma existência fantasmática. "Eu sou um outro", dirá qualquer pessoa presa nesse pesadelo.[25] No fundo, que

---

[25] A frase é de Rimbaud: *"Je suis un autre."* (*N. do E.*)

valem todos esses sentidos gerais, tão efêmeros a seu modo, comparados à realidade dos indivíduos? Não pertencemos à condição de formigas, para podermos nos contentar com engendrar infindamente segundo o modelo e as leis do formigueiro. Os sentidos gerais passam, eles também, como passam os reinos na história, enquanto nós permanecemos; e ainda que eles pareçam às vezes mais vastos e mais fortes que o indivíduo, sabemos que sempre terminarão por se revelar mais fantasmáticos que ele. Pois o homem quer *ser* e quer ver um mundo que *é*. É com dor que constata que ele, tal como as coisas, caiu na monotonia do geral, onde todo esforço ou toda afirmação, por pouco individuais que sejam, são logo absorvidos nas *estatísticas*.

Na realidade, esses sentidos gerais que transformam em *caso* geral o menor esforço individual não esmagam as situações e os destinos individuais só porque eles próprios são secretamente carentes, incapazes de se realizar no individual. Até nas situações objetivas do real o individual pode às vezes faltar. Também processos, estruturas e determinações podem desenvolver-se de maneira organizada na realidade, sem se enraizar em nenhuma coisa individual. Retomando o exemplo da biologia, é fácil imaginar – e os cientistas certamente deram nome a tais situações – que elementos da ordem da vida tenham podido e ainda possam manifestar-se sem que essa manifestação seja acompanhada de sua organização em espécies; poder-se-ia igualmente, talvez, em certas condições, obter elementos da ordem da espécie, e até a própria espécie, sem todavia chegar a exemplares individuais. Também tais situações são uma maneira de *ser*: o modo das determinações que alcançaram seu sentido geral mas não têm condições de engendrar o individual. O que quer dizer que uma forma de *todetite* aparece até no real, quando suas manifestações tendem a individualizar-se e não o conseguem.

É possível que as determinações da matéria se organizem mais no sentido do geral do que no do individual e permaneçam, assim, carentes, como parece suceder na imensidão do cosmos. Mas é certo que tais falhas reaparecem ou se refletem no homem, em suas construções teóricas ou em suas tentativas de criação. A vida dos homens pode organizar-se em sentidos gerais que jamais se individualizarão (como nas naturezas heroicas que não têm oportunidade de realizar atos de heroísmo), ou, em outro plano, o homem pode construir, a partir das determinações do real e do pensamento, visões teóricas de teor geral incontestável, mas que não tenham nenhuma ancoragem no individual. No plano da criação, há por vezes visões rigorosamente estruturadas que não culminam em obra alguma. Na Idade Média, certos mitos e temas cristãos ofereciam, por exemplo, admirável matriz à criação e teriam podido levar a grandes obras dramáticas; tudo estava preparado para que viessem a lume na literatura os "mistérios" – desde determinações as mais diversas (as lendas crísticas) até sua significação geral mais profundamente humana; no entanto, a substância dos mistérios não encontrou, por razões históricas ou outras, sua realidade individual – seu criador e sua obra –, conquanto se tenha dito que, se "tudo está preparado", estes últimos devem apresentar-se inexoravelmente.

Em certo sentido, a criação artística e, de modo mais geral, as atividades criadoras do homem deixam transparecer claramente sua predisposição à *todetite*. Toda criação é, em seu ponto de partida, uma tentativa de elevar estados de alma e determinações exteriores a um sentido; de ligá-lo em seguida a um sentido geral, de modo que os estados e as determinações possam, por fim, concentrar-se de maneira organizada numa figuração. Num primeiro momento, é fato, a dificuldade do criador consiste em conceber ou "ver" sentidos gerais capazes de abarcar uma grande riqueza de determinações (em ver, por exemplo, uma "paisagem" numa porção qualquer da natureza). A natureza provavelmente teve, ela também, dificuldade para reunir as diversas manifestações da vida em uma variedade biológica e para elevar em seguida as variedades às espécies. Mas não haverá, agora, igual dificuldade para enraizar as espécies nos indivíduos?

Também Balzac, o romancista, deve ter tido dificuldade para descobrir uma *Comédia humana* nas personagens e nas anedotas da sociedade francesa do início do século XIX. Mas, após ter conseguido apreender esse sentido geral e após ter compreendido, num movimento de esplêndida candura, que ele estava, como confiava à irmã, prestes a tornar-se um gênio, o mesmo Balzac provavelmente se deu conta de que a verdadeira força do gênio não reside em pressentir o geral abstrato, mas sim em enraizá-lo nas realidades e nas situações individuais. Mas e se o individual resiste? Foi o que sucedeu a Balzac. Entusiasmado pelo sentido geral da *Comédia humana*, ele se sentiu chamado a dar conta do conjunto da comunidade francesa e a enraizar esse sentido geral na realidade individual do mundo camponês da época; escreveu então seus romances camponeses, em que fracassou. Ele dispunha de todos os elementos no que diz respeito ao geral, mas faltava-lhe o *tode ti*. Com seu senso artístico tão seguro, ele por certo sofreu com o malogro e, não menos certamente, foi acometido por uma forma de *todetite*. Aliás, não será a *todetite*, essa busca dolorosa do individual (e da encarnação), precisamente a doença de todos os artistas?

Os visionários políticos são, a seu modo, artistas: também eles têm necessidade de uma encarnação de seu pensamento, mas em verdade quase nunca o conseguem, pois estão condenados a enraizar suas ideias no plasma da sociedade humana, tão turvo e tão incerto, tão distante da pedra, do som ou do verbo que os artistas modelam. Por isso, sejam eles utopistas ou realistas, o tormento do criador é neles ainda mais violento. A utopia do Estado platônico, as utopias do Renascimento, as Constituições elaboradas por Rousseau para diversos Estados microscópicos representam outros tantos dilaceramentos espirituais vividos pelo homem. Se havia, talvez, contentamento em elaborar teorias, quanta miséria espiritual, agora, na impotência de edificar verdadeiramente! E se os utópicos podem permanecer nas formas mais brandas da *todetite*, os visionários realistas soçobram no endemoniamento dos *Possessos* ou no *furor* político de todos os reformadores revoltados que povoam as páginas da história.

Estados inteiros podem alçar-se à generalidade de uma ideia que não estão em condições de realizar, nem no interior nem no exterior. Assim, na falta de identidade histórica real, o continente norte-americano se elevou ao geral, desde os seus inícios, por meio de uma simples *Constituição*; ele deliberadamente deu a si mesmo um sentido histórico, uma ideia que ele nem sempre consegue, há dois séculos, encarnar verdadeiramente, em sua vasta comunidade, nem exportar para outras comunidades (o "modo de vida americano").[26] Por outro lado, ao contrário, em comunidades históricas como a Roma imperial ou a França atual, o sentido geral, ou seja, a ideia de civilização e de cultura, se realiza tão perfeitamente, tanto no interior como no exterior, que nelas todos começam a sentir-se em casa e tudo se torna cosmopolita (e não universal, o que seria mais profundamente humano); uma vez

---

[26]Tudo o que havia de artificial e improvisado no *american way of life* revela-se pela facilidade com que seus ideais foram invertidos ao longo das últimas décadas, passando do culto da autonomia individual à apologia do Estado-babá *politically correct*. A descrição clássica dessa mudança está em David Riesman, *The Lonely Crowd* (Nova York, Yale University Press, 1950). (*N. do E.*)

mais o sentido entra em dissolução pelo desaparecimento do individual – e, com ele, de todo suporte histórico criador. O Império Romano se decompôs, na verdade, sob os efeitos do cosmopolitismo, e esse parece ser igualmente o caso do que se poderia chamar o império espiritual francês. A substituição do geral pela simples generalidade (a saber, valores de consumo universal, uma civilização padronizada, uma cultura baseada no divertimento, por refinado que seja) mina e desagrega o ser histórico autêntico.

É pois verdade que também as nações podem extraviar-se na "ideia", tal como nela se extraviam os indivíduos, sem conseguir encontrar o bom caminho de volta a seu individual.[27] Uma consciência *teórica* demasiado afirmada pode devastar comunidades importantes, e pode igualmente devastar culturas. A tendência da cultura moderna ao positivismo e à exatidão e a tendência da arte contemporânea à abstração são solidárias a uma certa maturidade histórica a que se chegou e que, no mundo contemporâneo, adquire duas faces: lucidez teórica de um Estado que ainda não existe, como se deu com o Estado norte-americano, e lucidez refinada de certas nações sobressaturadas historicamente. (Quão revelador é, a esse respeito, que a Revolução Francesa, sobrevinda – ao que

---

[27]Novamente, um motivo de meditação para os brasileiros: a ânsia de adaptar-nos aos modelos prestigiosos, seja o da modernidade capitalista, seja o do socialismo, tem levado o nosso debate cultural a dissolver em generalidades – prelúdio das simplificações fanáticas – tudo o que as décadas de 1930 a 1960 haviam conquistado em matéria de consciência da individualidade nacional. Até a realidade gritante da miscigenação é negada em favor da adoção mecânica de critérios estrangeiros para a descrição do quadro racial brasileiro – e tão perdidos de nós mesmos nos encontramos, que aqueles mesmos que fazem isso discursam, por outro lado, contra a desnacionalização da economia, como se fosse possível preservar a economia quando se abdica da própria identidade nacional. (*N. do E.*)

parece – quase *ao cabo* de um destino histórico, seja solidária à Revolução Americana, que rebentou no *começo* de outro destino!) Tanto no plano histórico como no da arte, a carência vem sempre do individual.

Tanto a história como a arte, tanto a natureza como o indivíduo podem instalar-se na carência do individual, oferecendo então, a quem os contempla, o espetáculo de um *nada* mais sutil que o nada de dissolução trazido pelas vicissitudes do geral, na *catolite*. Se não obtivesse seu sentido geral, a realidade individual se dissolveria em sua efemeridade e insignificância, ao passo que o geral, se não obtém seu individual, permanece livre e engendra verdadeiramente uma nulidade-de-suspensão. Pode ser que "a sopa vital" de que falam alguns biólogos tenha sido por muito tempo carreada pelas ondas, antes que os seres individuais se tornassem possíveis. Isso significa que uma substancialidade tão geral como a vida – o que aliás se poderia produzir em outras zonas cósmicas – fora obtida, sem que dela se obtivessem igualmente as *realidades substanciais*. Do mesmo modo, o homem pode admirar a perfeição com que se organizam, em suas concepções, em seus ideais, ou ao menos em seus sonhos, as determinações de sua vida; pode descobrir, por outro lado, que as manifestações caóticas do mundo poderiam nutrir-se, no que têm de essencial, da natureza geral da história, cujas leis lhes dariam um princípio e um fundamento; mas tanto num caso como no outro a nuvem não se condensa necessariamente em chuva real. Tudo permanece então sem nome, e a sabedoria dos anos maduros se dá conta de que a agitação do mundo e seu tumulto criador se detêm num nada de suspensão.

Se as naturezas teóricas se contentassem com contemplar o emaranhamento incessante das coisas na urdidura do geral que as aprisiona, ou se dessem livre curso ao exercício de uma inteligência apaixonada tão só pelo conhecimento dos *possíveis*, então elas evitariam certamente a doença da *todetite* (sendo porém ameaçadas por outra, a *atodecia*, como se verá no sujeito do espírito contemplativo), deleitando-se com a infinidade qualitativa dos matizes e das delimitações do geral e não com a infinidade quantitativa e puramente estatística dos indivíduos e das situações reais. Como o belo, que o olhar "nunca deixa de contemplar", a verdade teórica pode assumir milhares de matizes e aspectos sem que sua acumulação repugne ao olhar e ao espírito. Mais frequentemente, porém, as naturezas teóricas não se satisfazem com esse *vazio* de realidade, longe disso: elas fazem intervir a profusão de possíveis do geral apenas porque esperam inscrevê-lo no real. Se aqui, na *todetite*, há carência de individual, este ainda não é negado, como o será na *atodecia*. Será preciso ainda todo o refinamento da cultura antes que o homem, ultrapassando a crise da consciência teórica, tope com outra crise, a da consciência contemplativa. Confiante, por ora, tão somente na consciência teórica, o homem adoece ao ver não só o grau de resistência do real mas também a que ponto ele próprio erige em seu caminho, com a perspectiva do geral em que se instalou, novas formas de acaso e de necessidade, diferentes daquelas que entrevia o homem de ciência – particularmente Monod –, sob o impacto da *catolite*.

Pois não tem curso no mundo apenas o acaso que fazia com que algumas determinações livres, certos processos químicos, por exemplo, pudessem se integrar na generalidade da vida e, finalmente, num código biológico. Existe igualmente um acaso oposto – digamo-lo com tantos outros –, que faz com que um código já constituído, por exemplo uma espécie, portanto, uma realidade geral que pôde assumir determinações, não encontre necessariamente uma natureza individual correspondente nem, muito menos, uma natureza individual apropriada. Não será assim, mui particularmente, no domínio da vida? Todos podemos constatar, sem sermos biólogos, que por influência de certas mudanças fortuitas (climáticas, biológicas ou ecológicas) surgem subitamente na existência novas espécies, às quais anteriormente faltava não o código, ou seja, o geral, mas unicamente a condição particular de individualização. Seria talvez dever dos biólogos dizer-nos – caso pretendam filosofar, como Monod e outros – como essas espécies existiam anteriormente, sem exemplares individuais, e *quão vasto pode ser* esse domínio das realidades gerais que *não têm* o estatuto das realidades individuais. Por seu turno, os historiadores deveriam identificar, se não a presença, ao menos a probabilidade real, em dado momento histórico, dessas naturezas humanas gerais que estão sempre prestes a surgir no seio do real, na hora de uma revolução ou de uma catástrofe histórica.

Na perspectiva de um acaso que intervenha na esfera do geral, e não no individual, o mundo inteiro, que ordinariamente nos parece uma necessidade e que estudamos como tal, torna-se perfeitamente contingente. Alguns graus de calor suplementares, uma revolução a mais, ou a menos, e tanto a natureza na Terra como a nossa história seriam totalmente diferentes.

É a velha cantilena dos "ses"..., diria-se. Mas não... não é uma velha cantilena, e sim o mais recente *problema* que suscitam as ciências e a técnica modernas, as quais, como mostrou G. Bachelard, já não organizam suas respostas em torno unicamente do "por quê": elas fazem intervir, igualmente, o "por que não", Por que não *esta* visão teórica, *estes* objetos, *esta* natureza, modificada? E aí está, definitivamente, todo o tormento, que culmina na *todetite*, da consciência teórica que todos podem observar ao vivo no homem político – e que pensa, ela também, com os "se se" (e não com os "se se tivesse..."!), ou que faz intervir os "por que não", em vez de se demorar nos "por quês" (e até nos prolongamentos dos por quês). Se tudo o que é real é contingente, isso significa não só que o acaso se transforma em necessidade (como o afirmam certos cientistas) mas também que a necessidade (o geral, a teoria) pode tornar-se em acaso, ou seja, em pedaço do real.

Em todo caso, é preciso ir contra a ideia corrente do acaso e da necessidade – já é tempo de elaborar outra –, pois tanto o acaso como a necessidade têm um sentido para todos os termos ontológicos: não só para o individual mas também para o geral e as determinações. Se nos ativermos, por ora, aos dois primeiros, isto é, o acaso do individual, que é projetado na generalidade, e o novo acaso, que é o das entidades gerais (códigos genéticos, personalidades ideais, leis, teorias, estruturas), que passa para a realidade das existências individuais, segue-se que, além do acaso que estrutura e modela, há também um acaso que "realiza" o previamente estruturado. Por conseguinte, em correlação com este novo tipo de acaso, dever-se-ia pensar outro tipo de necessidade, que já não teria nada da necessidade cega do primeiro caso: ela seria dona do seu próprio destino.

Teríamos aí a necessidade tal como a sentem as naturezas teóricas. O vaivém entre o acaso e a necessidade constitui seu escândalo e sua doença. Como se resolver a não realizar o geral quando já o vimos em sua perfeição, em sua riqueza e em sua excelência? E se, em contrapartida, ele depende de necessidade, como poderia ele se realizar graças somente ao acaso?

Num plano moral, é precisamente esta situação intolerável – ver a lei e os mandamentos realizar-se por acaso – que desperta a indignação no coração do irmão submisso ante a volta do filho pródigo. Este nunca fez senão "o que bem entendia", ao passo que aquele sempre fez "o que devia". Dominando os sentidos gerais, a lei da família e da cidade, ele jamais duvidou de sua superioridade sobre o outro, pois soube unificar prazer e dever, porque encontrava prazer no cumprimento mesmo do dever, ou seja, na subordinação de seus atos ao geral. O único sentido que ele pôde dar à liberdade foi o de julgar, no espírito e no horizonte da lei. Graças a seu julgamento livre, mas apoiado por critérios últimos, ele podia apreciar em que medida suas próprias ações, bem como as dos outros, estavam conformes às prescrições do grande ordenador que é o geral. O ato sacrílego do filho pródigo era, a seus olhos, o ter ousado tomar liberdades, até mesmo em face da lei. Ter-lhe-ia parecido, nesse sentido, de todo vão querer ainda castigá-lo: o castigo virá por si mesmo, e o primeiro que se infligiu ao filho pródigo foi sua própria errância (*"Ich bin der Unbehaust"*, dirá Fausto tempos depois).

É possível que, dados os seus escrúpulos, ele, o irmão, tampouco tenha estado sempre perfeitamente em ordem. Mas com ele isso se dá de modo diferente; se lhe sucedeu dizer a si mesmo que errou, ele todavia encontra, na confissão mesma de sua insatisfação, uma satisfação secreta, de natureza superior, semelhante à de um artista que valesse mais que sua obra, ou, em outro plano, à do demiurgo que conhecesse a existência de mundos possíveis muito superiores àquele que criou. Mas daí a aceitar que uma vida de desordem, como a do filho culpado, possa, só pelo perdão do pai, levar à ordem...! Quando, a exemplo do irmão, se conhece o geral e a lei, antes até de os ter reconhecido sob sua face individual, não se pode aceitar que o arbitrário e o continente venham, eles também, dar ordem às coisas. O irmão não pode senão sofrer com a ideia de que a ordem não tenha afastado completamente o acaso. Ele compreende perfeitamente que o culpado não tenha sido castigado. Mas daí a lhe recompensar o retorno...!

As naturezas teóricas de sempre, e especialmente as modernas, a que vem juntar-se a particularidade de um conhecimento *devidamente adquirido* por longa errância através da natureza e dos laboratórios, qual verdadeiros filhos pródigos da cultura (pois eles não compreenderam o "permanecer em casa" da sabedoria religiosa e filosófica e se lançaram mundo afora), acabaram porém por herdar algo do espírito reformador e moralizador do irmão sisudo que permaneceu em casa. Também a eles não poderia agradar nada do que vem do vasto mundo, esse mundo que no entanto eles percorreram em todas as direções. Os lógicos e os linguistas não gostam das linguagens naturais, os sociólogos não gostam da história, os ideólogos não gostam da sociedade civil, os geneticistas nem sempre gostam dos códigos genéticos reais e pensam em modificar as espécies de trigo e as espécies de homem; é possível até que um belo dia os astronautas passem a já não gostar da Terra. Para todos eles a razão proveio da "racionalização", obedientes nisto ao princípio segundo o qual o geral sempre quis pôr no mundo realidades conformes à sua perfeição.[28] Sob o império dos sentidos gerais, que sustêm os conhecimentos científicos que conseguimos adquirir, o mundo pertence hoje ao laboratório, à proveta, ao transplante, aos satélites artificiais e à instalação do homem no cosmos, e torna-se o lugar da planificação, da centralização e da manipulação dos destinos humanos.

É então que rebenta a *todetite*. Sempre ativa entre as doenças espirituais padecidas pelo homem – quer seja ela proveniente, como outrora, da consciência do *incorruptível* e da perfeição suprema, ou, como nos dias de hoje, da constante necessidade (mais discreta, é verdade, mas infinitamente mais rígida) de *exatidão* que têm os modernos, ou, ainda, no homem comum, do império que o *ideal* exerce sobre sua consciência –, ativa, pois, no homem guiado pela consciência da natureza *teórica* que ele

---

[28]Cf. a crítica de Husserl à matematização renascentista da natureza, em *La Crisi delle Scienze Europee e la Fenomenologia Trascendentale. Introduzione alla Filosofia Fenomenologica, a Cura di Walter Biemel*, trad. Enrico Filippini, Milão, Il Saggiatore, 4ª ed., 1972. (*N. do E.*)

abriga e que encerra leis por incorporar ao mundo, a *todetite* exalta o homem e o faz abalar o real. O homem lhe dá um melhor alicerce? Dá um melhor a si mesmo? Com as irrealizações ou semi-irrealizações a que o levou e leva sua terrível inclinação, ele tem mui frequentemente a surpresa de descobrir a *inadequação* no que o rodeia e o *fantasmático* no que faz, ou a de ver a si mesmo entregue às *estatísticas*, como coisa entre coisas.

Mas o homem sempre será mais forte que as estatísticas, em nome do geral a que se alçou e que ele se encarrega de *mudar* com sua altivez de homem, quando o geral se mostra indigno da realidade. Quem se elevou ao geral, ou sejas, quem provou das coisas que *não são*, já não se acomoda muito às coisas que são, e enfrenta todos os perigos. Tudo hoje, aliás, contribui para nos dizer que o homem europeu, que tanto sofreu e tanto criou sob a *catolite*, se prepara para doravante sofrer e criar sob a *todetite*.

4
Horetite

Horetite, de *horos*, "determinação", pretende designar o desregramento das determinações que as coisas e o homem se dão; um desregramento que pode levar a sua precipitação, mas também ao seu retardamento e até a sua extinção. É uma doença que acompanha os fenômenos da vontade, no homem, enquanto a *catolite* está antes ligada aos sentimentos, e a *todetite* à inteligência e ao conhecimento.

Sofrem de *horetite*, no exercício de sua vontade, tanto os grandes impacientes quanto, ao contrário, os grandes pacientes deste mundo e a multidão dos bodes expiatórios. Como o desregramento das manifestações é provocado, sobretudo, por excesso ou por falta de vontade, ele lhes poderá acelerar ou retardar o curso; e, como veremos, com o porvir acelerado e com o porvir retardado a vontade do homem tentará mudar até o ritmo das manifestações históricas. Isto porque a *horetite* se manifestará, mais frequentemente ainda que as duas primeiras doenças, na escala da história. Enfim, quer no homem, quer na história, ela assumirá seja uma forma aguda, seja uma forma crônica.

I. A horetite aguda

Se pensamos na *horetite* do indivíduo humano – deixando por ora de lado a da história e, por mais forte motivo, a da Criação –, vêm-nos ao espírito, antes de mais nada, os grandes impacientes como D. Quixote, ao qual já fizemos alusão, ou como Fausto, em plano diferente, ou como certas figuras reais da história da cultura, um Nietzsche, por exemplo, e, em todo caso, Zaratustra, o profeta que ele criou à sua imagem. Se nos voltamos para os deuses, pensamos em Hiperião, o astro-deus imaginado pelo conto romeno e, depois, por Eminescu.[29] Todos eles passam pela doença espiritual da impotência de oferecer manifestações adequadas à sua vontade.

Comecemos, pois, por "O Astro da noite", poema em que são igualmente impressionantes a *catolite* de Cătălina (uma "Margarida" muito mais serena que a heroína de Goethe), tão manifesta em sua tendência para o universo e para o sentimento do exílio – percebido como vagueação na luz ("desce até mim, astro tão doce... [e] minha vida ilumina") –, e a *horetite* (associada à *todetite*) de que sofre Hiperião. Mas, ao passo que a *catolite* da heroína não atinge uma intensidade trágica – ela somente lhe aumenta o ser e lhe embeleza o amor de terrestre –, o sofrimento de Hiperião assume um caráter verdadeiramente trágico. Pois há também um trágico das naturezas gerais, quando não um duplo trágico, como para Hiperião: se de início ele sofre por não poder obter senão "dificilmente" uma individualização (ele atravessa "dificilmente" os espaços para ir ter com a terrestre), sofrerá ainda, sob o impacto de outro trágico, *após* ter conseguido individualizar-se, por não poder obter, desta vez, determinações – sofrerá precisamente de *horetite*.

Mas, dir-nos-ão, como se pode falar em trágico a respeito do geral, se o trágico é, por definição, uma experiência-limite

---

[29]Mihai Eminescu (1850-1889), importante poeta romeno. Escreveu em 1883 o poema *Luceafarul* ("A Estrela d'Alva"), de filosofia popular e gnóstica, que, misturando mitologia romena e antiga mitologia grega, ilustra, através de uma dimensão simbólica e metafísica, a condição trágica do gênio na Terra. (*N. dos T.*)

do homem? Enquanto tal, ele deveria estar reservado apenas aos indivíduos humanos e às coletividades históricas muito individualizadas. Certo, responderemos, mas o geral tem também uma versão humana, a saber, "o gênio", que o encarna, para falar a língua do bom romantismo e de Eminescu. Por conseguinte, *ao menos* na versão do gênio, podem manifestar-se sentidos trágicos, que não estarão ligados à pessoa humana, mas à natureza geral que ela incorpora. Disso "O Astro da Noite" nos fornece um exemplo interessante precisamente porque, por intenção explícita do autor, o poema exprime o drama do gênio por sua impotência "de fazer felizes os outros e a si mesmo".

Com efeito, sendo uma natureza geral, Hiperião não pode individualizar-se (e sofre, pois, de *todetite*), ou, mais exatamente, ainda quando o consegue por um breve instante – duas vezes, aliás –, ele não é, cada vez, senão "um belíssimo morto, de olhos vivos".[30] Por outro lado, ele tampouco pode dar-se determinações terrenas, aliando assim à *todetite* uma *horetite* aguda. O demiurgo notifica-lhe que, em último caso, ele poderá obter certas determinações, com a condição de que sejam conformes à sua natureza geral; mas Hiperião deseja as determinações do *amor humano*, inextricavelmente ligado à abnegação e à morte, ao passo que o que é geral não pode penetrar na noite do aniquilamento e da carne. Por isso, ao cabo de sua crise de *horetite*, Hiperião será repulsado para os céus e aí permanecerá, para sempre "imortal e de gelo".[31]

A impaciência de Hiperião por obter determinações humanas é, de certo modo, simétrica à de Fausto, que quereria determinações sobre-humanas e, entre outras coisas, elevar-se até o "Gênio da Terra", É com a mesma precipitação que

---

[30]*Ibid.*, p.175. (*N. do A.*)
[31]*Ibid.*, p.207. (*N. do A.*)

Hiperião queria e requeria ao Pai Celestial determinações individuais para sua natureza geral e que Fausto, natureza individual, deseja as determinações do geral para seu ser "genial". Mas o Gênio da Terra corta-lhe o ímpeto, tal como o Demiurgo desilude Hiperião. E pelo mesmo efeito de simetria, se Hiperião reencontrava no fim a limitação de sua condição "imortal e de gelo", Fausto permanecerá "mortal e de gelo", estranho doravante a toda determinação real: incapaz de participar no que lhe sucederá após o encontro com o Gênio, com o seu próprio real, ele se verá limitado ao "possível" que lhe oferece Mefisto (para começar, seu rejuvenescimento factício). Num como noutro a *horetite* assume o aspecto crítico de experiência *extrema*, que leva à extinção espiritual.

Através de D. Quixote, em contrapartida, a *horetite* revela sua riqueza e sua força positiva. A impaciência da personagem por se realizar como natureza geral ("o cavaleiro andante") permite-lhe realmente dar-se determinações que, conquanto impróprias para garantir o cumprimento de um destino individual real, são, afinal de contas, portadoras e edificadoras de significações as mais elevadas. Comparado ao real, o universo quixotesco nos aparece, sem dúvida alguma, como uma gênese falhada. Não obstante, ele é, nesse sentido, impressionantemente próximo do universo do vivente, onde as entidades gerais – as espécies – parecem por vezes manifestar, elas também; uma sorte de impaciência por investir-se de realidade; na arqueologia da biologia figuram, por exemplo, espécies bem codificadas de um ponto de vista geral, e, por outro lado, bem atestadas no plano das manifestações individuais – como as espécies dos sáurios –, nas quais, todavia, os exemplares individuais não conseguiram dar-se *determinações* capazes de lhes assegurar real sobrevivência. Também aí há uma gênese falhada – mas, ainda assim, uma gênese.

É também o que mostram, para além da personagem de D. Quixote, mas de certo modo como seu prolongamento, certas naturezas de realizadores. Para começar, o homem percebe que não pode obter a ordem acumulando tão simplesmente ações, como o quereria o catolítico; ele compreende, em outras ocasiões, que tampouco a pode obter simplesmente se submetendo aos mandamentos e leis *dados*, que, afinal de contas, podem muito bem perpetuar-se esmagando os destinos individuais (na *todetite*) em vez de os realizar. O homem de caráter, consciente da presença necessária da lei e do ordenamento geral em tudo o que aspira a ser, *assume* então, ele próprio, de maneira ativa, esse sentido geral e investe-se da missão de portar e realizar a lei. "Eu existo porque me assumo enquanto encarnação de uma lei; dei a mim mesmo um sentido de generalidade, ou então o dei a um domínio da realidade que está em meu poder." Como um cavaleiro da Idade Média, que parece envergar uma armadura quando assume, por conta própria, um ideal justiceiro e parte mundo afora com o sentimento de uma investidura, o homem, assim armado, parte para a realização de si. E em todos os pontos semelhante ao nosso cavaleiro, também ele pode estar condenado à "vagueação", ou seja, à irrealidade de suas determinações e de seus atos, se comete a violência de querer encarnar a qualquer preço a lei. Os sentidos gerais têm *sua medida* e, por mais fantasmáticos e efêmeros que nos possam parecer, exigem – quase ao modo dos organismos vivos – um tempo de gestação e de adaptação à precariedade do real de que se investem e um momento propício para seu enraizamento. O homem não obterá seu ser nem trará ordem ao mundo se se contentar com vestir a armadura do geral: ainda é preciso que encontre *determinações* à medida deste último.

O sofrimento da *horetite*, aqui em sua forma aguda, não provém, no fundo, da ausência de determinações, mas de sua natureza, que faz delas *similideterminações*,[32] semelhantes ao

---

[32] *Similideterminatsii*: determinações aparentes, determinações simuladas. Esta palavra não existe no romeno como não existe em português. É um neologismo inventado pelo autor. (*N. do E.*)

capacete de papelão de D. Quixote: este o experimenta para ver se é bom, constata que não é, mas decreta que é, e se lança, assim, ridiculamente trajado, à ação e ao combate. Ao longo de todo o livro, ou seja, tanto na primeira parte, onde tudo o que acontece se inscreve sob o signo da automistificação, como na segunda, onde o relato se coloca sob o signo da mistificação pelos outros (o duque e a duquesa, no caso), as determinações apresentam-se desregradas. Como porém *são* determinações, ainda que deformadas e grotescas, a *horetite* acaba por ter, como as outras doenças espirituais, um lado benéfico.

Também Nietzsche sofreu de maneira aguda desta doença. Teríamos podido, aliás, escolher também o exemplo de Fichte, para ilustrar a *horetite* de uma consciência filosófica; preferimos porém Nietzsche. Mas pode-se verdadeiramente taxar de quixotismo uma aventura espiritual como a sua? *É*, em todo caso, *uma forma típica* de *horetite* o que acomete o filósofo, despertada nele, como nas personagens invocadas acima, por uma grandíssima impaciência. Quanto ao que se poderia ver de quixotesco em Nietzsche, é, antes de mais nada, o caráter demasiado sumário de sua mensagem – a saber, a ideia e o *páthos* do dionisíaco; o tema do super-homem; aparentado ao do demonismo goethiano mas inferior a ele, o tema da inocência do devir e o do eterno retorno, também claramente extraídos de Goethe. É em nome dessa mensagem que ele se dá o direito e a ilusão de a tudo renegar e derrubar. É igualmente quixotesca sua exaltação de reformador e profeta, no deserto espiritual de um século por demais refinado que, após lhe ter infligido o peso acabrunhador de seu desprezo, acabou por aplaudir-lhe a invectiva, em vez de por ela ser abalado.

Mas suas intuições do fenômeno da cultura e do fenômeno moral, como suas formulações, são por vezes extraordinárias; sua doença espiritual ganha dimensão diversa da *horetite* indireta de D. Quixote. Apenas, tudo nele se torna uma forma de singularidade. Escrito após escrito, ele se deu todas as espécies de determinações teóricas, que, com seu pensamento pulverizado em muitos aforismos, caíram, elas também, na poeira das bibliotecas e das consciências, embora, de quando em quando, ainda façam vibrar alguns espíritos. De cada página e de cada pensamento ele esperou, em vão, que fossem transtornar o mundo – e depois, com *Ecce Homo*, sua própria razão se transtornou na indeterminação da noite espiritual.

É revelador da doença espiritual de Nietzsche que nada aconteça a Zaratustra – o herói sob cujos traços ele retrata a si mesmo –, quando desce da montanha. Então, o herói nietzschiano, acometido de terrível forma de *horetite*, é incapaz de atos e não pode dar-se determinações apropriadas e organizadas, Dissimulada por suas palavras, algumas das quais são extraordinárias, a carência é total, quase inacreditável. Após dez anos vividos na solidão, Zaratustra desce a montanha, como encarnação de uma vasta natureza geral, errando e pregando no deserto. Nada de *necessário* parece ter-lhe sido atribuído. Ele encontra um velho que ainda não ouvira dizer que "Deus estava morto", cai no meio de uma multidão reunida, assiste à queda do malabarista e encarrega-se de seu cadáver, vê o bobo da torre e os coveiros, dorme em seguida, acorda, nota uma águia com a serpente enrolada no pescoço, percorre diversos países, faz discípulos, deixa-os, retorna, depara com moças que dançam na floresta, um corcunda, o profeta do grande cansaço, dois reis, pisa, por fim, num homem e põe-se a correr; nunca mais encontrará ninguém.

Poucas descrições da *horetite*, nos anais da cultura, são tão expressivas como o plano dramático de *Assim falou Zaratustra*. É, aliás, provável que não somente o profeta nietzschiano do super-homem mas também os próprios super-homens, se lhes fosse dado nascer um dia na Terra, corressem o risco de partilhar a mesma sorte.

Mas deixemos por ora os gigantes solitários, animados pelo sopro profético, e passemos à história e às comunidades, também elas mobilizadas, às vezes, por tais exaltações. O que sucedia a seu profeta sucede mais frequentemente aos "super-homens da história": eles tampouco encontram determinações apropriadas. Os mesmos germânicos, dos quais Nietzsche dissera as coisas mais perturbadoras – até sua terrível condenação: *"Die Deutschen sind nichts, sie werden etwas"*[33] –, oferecem estranhos exemplos de *horetite* na escala da história.

Com efeito, já os vikings, após haver tanto edificado na Europa do norte, desceram até a Sicília com um sentido histórico *fechado*, para o qual já não encontraram determinações apropriadas, sucumbindo assim à *horetite*. E foi ainda num tormento muito próximo da *horetite* que viveram os ancestrais germânicos e, depois, suas ordens religiosas, partidas a construir no leste da Europa. Eram – os últimos, ao menos, e independentemente da ideia religiosa da época – portadores de um sentido geral: certa ideia de civilização, destinada a culminar no surgimento do burgo e da burguesia, tanto em seu espaço de origem como nos espaços colonizados. Mas sua ideia, cuja realização era prematura, importada por grupos que viviam isolados no meio de outras etnias, não pôde encontrar as determinações que lhe teriam permitido enraizar-se no espaço e no contexto histórico dessas terras de adoção. Esses cavaleiros demasiado apressados, logo instalados, salpicaram todavia de suas vilas e aldeolas diversas regiões, da Transilvânia ao Volga, passando pela Prússia; mas, dois séculos depois, foram suas próprias comunidades, exaustas e moribundas, o preço de sua grandíssima pressa de impor e realizar sua ideia. Pois, ali mesmo onde favoreceram a história

---

[33]"Os alemães não são nada; tornam-se algo." (*N. do E.*)

de outros, eles não puderam fazer a sua, contentando-se com sobreviver, com nobreza às vezes, mas sempre em vão. Algo da miséria de Esparta reaparece, em escala mais modesta, quase anônimo, na história desses obstinados artesãos do vazio.

De fato, é talvez Esparta que nos oferece o exemplo mais típico da impaciência do geral e do malogro das determinações que dela resulta. Durante séculos, o mundo espartano pôde ser modelado pelos sentidos gerais impostos à sua comunidade por uma simples Constituição – que por certo, aliás, não era unicamente a de Licurgo. Quando, porém, o geral se implanta diretamente no individual, as determinações terminam sempre por padecer. Foi precisamente o que sucedeu aos lacedemonianos, que fizeram história sem verdadeiramente *ter a sua história* e não criaram suficientemente no plano da cultura, perdendo, nesse sentido, até sua consciência helênica. O historiador que se dedicasse a escrever a história de Esparta (quando não lhe fosse francamente hostil, como Toynbee), certamente não chegaria a fazer uma verdadeira "biografia" dessa tão estável comunidade, com seus pares de reis anônimos e sua sucessão de acontecimentos encerrados na monotonia de algumas ideias sobre a educação e o Estado. Não encontraria nela autênticas determinações, ou então todas lhe pareceriam torcidas. Com Esparta, a *horetite* tornou-se uma doença de Estado. E ela ainda está presente no seio de outros povos, diante de nossos olhos.

Eis como tanto povos inteiros quanto grandes figuras ideais, saídas da imaginação criadora do homem, podem ser atingidos por uma evidente forma de *horetite*, provocada por uma impaciência demasiado grande do geral. As manifestações de tal doença espiritual são igualmente evidentes: a cegueira diante da realidade ("Foste cego a vida toda", diz a Inquietude a Fausto, no fim da existência deste), a substituição das determinações naturais por *similideterminações* que têm algo a ver com o possível em Fausto, com a imaginação e o artifício em D. Quixote, com a hipertrofia da vontade em Nietzsche, com a profecia vã e o vão profetismo em seu herói Zaratustra; arrole-se ainda a *fundação histórica vã*, no caso dos povos superiormente resolutos, o *espírito espartano*, isto é, a tenacidade como norma, e, enfim, a *extemporização*, a a-historicidade em plena história.[34]

Não obstante, o mesmo espírito do geral que podia assumir, nos "super-homens" e nos povos convencidos de sua superioridade, a feição de uma impaciência demasiado grande, pode ser, alhures, à imagem mesma da paciência: então, ele já não precipita os destinos em manifestações tão patentemente desregradas; deixa-os, ao contrário, esmagados sob seu peso, darem-se conta sozinhos de seu próprio desregramento. Aparece, assim, outra forma de *horetite*, a forma crônica, digamos, dessa doença.

II. A horetite crônica

Nada poderia servir melhor de pano de fundo à forma crônica dessa doença do que a cronicidade mesma: o tempo – pois só uma doença das determinações, com seu desdobramento no tempo, pode ser crônica. O tempo absoluto e o espaço perfeito nos apareciam até agora desprovidos de algo de individual, de

---

[34]No momento em que se preparava a edição deste livro, um Fidel Castro inerme e decadente era festejado no Brasil como se ainda fosse o temível líder da revolução continental. Uma intelectualidade esquerdista fortemente imbuída de um ideal geral, mas confessadamente desorientada, incapaz de encontrar suas determinações, apegou-se ao visitante como a um símbolo de uma época em que ela sabia o que fazer; mas o símbolo de uma antiga determinação só pode substituir uma determinação atual a título, precisamente, de *similideterminação* extemporânea. (*N. do E.*)

um *tode ti*, e víamos ali o modelo cósmico da *todetite*. Se nos voltamos agora para sua imagem no real, eles nos aparecem intimamente ligados ao individual e, diferentemente de sua ideia absoluta, traem não uma carência de individual, mas, como Hiperião, uma carência, até a extinção, de determinações. No real, o tempo e o espaço são os princípios mesmos da "atualização": é através deles, por um *hic et nunc*, que se individualizam os fenômenos e os processos; é no tempo e no espaço que tudo acontece. Tudo, *à exceção* do tempo e do espaço. Pois eles exprimem a grande indiferença para com tudo quanto é determinação; são o horizonte vazio, a ritmicidade pura, a onda que é sempre a mesma em sua expansão monótona.

É no pano de fundo do não acontecimento, em sua pura expansão, que se inscrevem todas as formas de subsistência, no espírito, acometidas de *horetite* crônica. "Nada acontece" significa que não acontece nada de significativo, nada de necessário, nada de fecundo, ainda que a vida do espírito, em sua generosidade, possa fazer com que do nada de determinações surja, por vezes – como em D. Quixote –, o sentido.

Nada acontece, por exemplo, na vida dos anjos. Como quer que *tenham sido* imaginados, incluindo os *daimons* dos antigos, eles nascem e subsistem sob o signo da *horetite* crônica. Há tanto geral incorporado em seu ser individual que este já não pode aceitar determinações próprias ao individual e está para sempre condenado – como em certas concepções medievais – ao geral, representando cada anjo uma espécie. Se ao homem é dado *elevar-se* ao sentido geral, o anjo, em contrapartida, está fixado nele desde o início; quando muito, é-lhe atribuído um tranquilo vaivém sob sua proteção: tal foi o caso do *daimon* da Antiguidade, intermediário entre o mundo de baixo e o de cima, tal é também o caso do anjo cristão, quando é – como indica seu nome – o "anunciador" de um mundo ao outro. O anjo não possui determinações, nem sequer de tempo e de lugar, pois é onipresente e sem idade. E, aliás, foi desta forma que o folclore romeno imaginou o Paraíso reencontrado após o Juízo Final: todos os homens terão a mesma idade, não haverá lar, nem amor, nem palavra, e "tudo será um mesmo dia".

Já foi dado ao ser humano elevar-se a essa hipóstase, numa versão, de que amiúde se falou, característica da religiosidade tardia e refinada que foi a do romantismo: trata-se da hipóstase da "bela alma". Muitas coisas podem suceder a uma alma tão nobre e tão apartada deste mundo; ela pode, ademais, dar-se um número indefinido de determinações, mas tudo será sempre transfigurado por ela de tal maneira que as coisas cessam de significação inovadora, sendo, cada vez, significadas de antemão. De sua condição de anjo tutelar na qual agora se instalou, o geral envolve todas as manifestações com sua asa protetora, fazendo-as brilhar com um mesmo glorioso esplendor. "Tudo é um dia", como no conto romeno. A noite germinativa das determinações cedeu o lugar ao dia. Mas, assim, o próprio dia se transformou numa doce noite, como tão bem sentimos às vezes na heroína de Goethe em *Wilhelm Meisters Lehrjahre*. Para uma medicina do espírito, trata-se aqui simplesmente de uma forma de *horetite* crônica.

Se nos voltarmos agora para as experiências espirituais mais comuns, iremos ainda encontrar, no caso – sempre de eleição, é verdade – dos que impuseram a si mesmos a submissão a uma ordem superior, sintomas reveladores do mesmo mal. Uma vez encontrada e compreendida a ordem do geral, é impossível evitá-la – e foi precisamente isso que se deu com Santo Agostinho, de início com o maniqueísmo e depois com o cristianismo. O homem se dá conta de que sob a ação do geral sua vida se torna "outra". Então, toda a questão se resume em saber se ela não está pronta para se tornar a tal ponto "outra", que já não esteja conforme a ele nem à ordem geral que ela reclama.

Há aí como uma nova idade do homem, que viria após os desregramentos da primeira juventude, no momento em que seus atos começam a ser assumidos com toda a responsabilidade. E o homem assume sua responsabilidade não apenas diante de si mesmo mas diante do sentido geral que ele acolheu. Sua ação deve doravante decidir acerca de tudo, incluindo o sentido geral. Pois que seria o geral e que seriam as grandes ordenações do mundo, identificadas nesta fase mais madura, se não induzissem a responsabilidade de sua realização? Portador da lei, o homem avança para uma variedade infinita de afirmações e de edificações, não cegamente, como D. Quixote, mas com uma segurança igual à deste herói e tão pouco fundada quanto ela. Já não lhe faltam senão determinações de existência apropriadas. Em seu retiro de Cassiciacum, Santo Agostinho buscava assim, só ou com seus companheiros, um novo conteúdo de vida, digno do modelo religioso que ele encontrara e adotara. E toda a dificuldade dessa hora, em que o geral se enraíza diretamente nos destinos individuais, será impedir que as determinações vindouras sejam deformadas pelas adversidades do mundo ou pelas incertezas do eu.

Acontece, porém, que elas podem ser deformadas também por *certezas* demasiado grandes. Neste caso, tendo virado as costas para o mundo, senhor de si, se tornado uma "bela alma", o homem acabará, como Santo Agostinho, por tornar insignificante uma vida a que tão duramente ele pouco antes deu significado. Experiências como a de Santo Agostinho e seus companheiros, assim como todos os falanstérios e comunidades ideais, têm mui frequentemente por resultado a invalidação de sua própria verdade. Por quê?, perguntar-nos-ão. Simplesmente porque não podem oferecer ao homem determinações verdadeiras e plenas; porque, muito amiúde, a vida não é bastante "larga" para essas ideias que vêm de tão alto; ou então porque elas vêm, ao contrário, de muito baixo. A ideia vitoriosa no homem corre o risco de deteriorar-se e nele desregrar o real. Quanto à ideia tornada "ideal", ela sempre foi uma agressão ao real, esse real que, uma vez vencido, precipita consigo, em sua queda e cinzas, o ideal vencedor.

Há uma expressão e uma situação cuja verdade profunda foi frequentemente sentida: "a tristeza pós-vitória"... Esta expressão nos parece muito significativa precisamente porque assinala o instante mesmo do nascimento, quase inevitável, da doença espiritual: a *horetite*. A vitória deveria ter aberto caminho para uma multidão de novas determinações, que teriam, por seu turno, triunfado sobre as antigas. Mas para isso teria sido necessária outra vitória, para a qual o vencedor não estava preparado e a cuja altura ele não poderia estar: uma vitória alcançada, de um lado, sobre a inércia que quer que as antigas determinações ("o velho homem") prolonguem sua ação para além até mesmo do triunfo que as parecia ter derribado e, de outro, sobre a brutalidade e o caráter sumário da nova verdade, que, sem ter sido ainda endurecida por sua têmpera no real, vem todavia chafurdar nele com toda a grosseria do geral. A "tristeza pós-vitória" exprime, então, o medo indefinido de que o mundo possa continuar como antes, ou de que toda tentativa de o mudar vá pervertê-lo. Pois que determinações, à altura do sentido geral sob cujas cores se travaram batalhas e se triunfou, poderiam ainda aparecer? No dia seguinte, todas as coisas começar a ter um ar triste.

Deve ter sido terrível – para passarmos a outra figura histórica – a *horetite* que acometeu Luís XIV. Quando um homem, ainda que rei, declara: "O Estado sou eu", ele encarrega-se diretamente do geral, em seu próprio destino individual, e pretende-se o único que pode fornecer ao mundo e a si mesmo determinações apropriadas. Durante os primeiros anos de seu reinado, cego ainda por sua juventude, por algumas vitórias militares e por sua própria investidura, ele terá, talvez, verdadeiramente acreditado – apesar das desordens de sua vida privada – que edificava com cada uma de suas palavras; que trazia a ordem por cada um de seus gestos, tal qual o rei do segundo *Fausto*, a quem Mefisto fazia crer que erguia palácios a cada um de seus passos, quando percorria seu reino subitamente próspero, graças a cédulas bancárias sem lastro. Mais tarde, a experiência da maturidade certamente lhe permitiu a amarga descoberta de que o que ele fazia nem sempre era significativo e de que nem todos os seus gestos reais eram memoráveis nem edificadores, conquanto *devessem ser*, já que *era ele* a instância geral. O pobre grande rei da França caíra, assim, em sua própria armadilha: pois ou ele era, verdadeiramente, a instância estatal, ou se condenava a uma mistificação perpétua. O tédio que se instalara em Versalhes após 1680, do qual dão testemunho numerosos contemporâneos, não se deveria inteiramente, talvez, à austeridade da Sra. De Maintenon nem à influência da Igreja, mas, em parte, à doença que se acentuava dia a dia no espírito do soberano. É impossível que ele não fosse acometido de *horetite*, confrontado, como era, com tantas determinações incertas, artificiais e vãs; algumas, aliás, nem gozavam do crédito dos que fingiam recebê-las com gratidão, enquanto outras perdiam o seu aos olhos do próprio soberano, pois ele, enquanto agente do geral, sabia reconhecer sua debilidade para arrostar o tempo. A que estranha justa de *horetites* tiveram de entregar-se, em dado momento, nessa França "clássica", as determinações da parte do rei, quando enfrentavam as da parte do príncipe herdeiro – desprovidas, afinal de contas, de suporte geral, pois o príncipe iria morrer antes do rei. E é sabido que cada cadeia de manifestações estava prestes a se impor e mudar o rumo da história da França e da Europa e, ao mesmo tempo, a se desfazer, elo após elo, assim que o jogo da vida e da morte tivesse posto fora de combate um ou outro dos que imaginavam, nesse momento, encarnar o geral!

Pode-se passar, agora, sem solução de continuidade, da *horetite* dos reis à *horetite*, mais comum, desses jovens protagonistas, abençoados pela existência e triunfantes sobre as adversidades, diante dos quais se abre a felicidade da ordem geral do casamento. Poucos criadores tiveram a crueldade e, ao mesmo tempo, a temeridade de penetrar nos segredos do tipo particular de *horetite* que acomete, muito amiúde, esses heróis casados. Só um Tolstoi assumiu o risco de nos descrever uma Natascha algo demasiado gorda, deploravelmente tirânica com relação a Pedro e sem nenhuma graça no cuidado dos filhos; mas tampouco nele o quadro é muito bemsucedido. Talvez ele não se desse conta de que, no momento mesmo em que acreditava prolongar um estado de graça, começava já a descrever uma doença.

Mais expressiva ainda que essa experiência espiritual demasiadamente comum talvez seja a situação que se abre a Pigmalião uma vez terminada a criação, tão bem-sucedida, de Galateia. À sua felicidade se junta a bênção dos deuses. Pois eles lhe tinham animado a criação e a tinham destinado à vida. Mas, *após tudo isso*, que poderia ainda suceder a Pigmalião? Que outras determinações naturais e viventes, enriquecedoras para ele, poderiam agora encontrar-se? Não se trata, aqui, em nenhum momento, da *horetite* banal de um simples casal. Encontramos, em contrapartida, algo da doença espiritual do criador que se devotou a uma única criação, julgando poder esgotar nela sua vocação.

É verdade que todos amamos o que podemos modelar; amamos a obra que sai de nossas mãos. Mas que amor, este! Assim que nos entregamos ao trabalho, sentimos de modo claro que já não amamos verdadeiramente o ser ou a coisa que se faz sob nossos olhos; através desse ser ou coisa, o que amamos é a ideia que nele introduzimos, isto é, o geral. Mas, como todo mundo, tampouco amamos o geral como anteriormente, porque ele vem com sua ordem encarregar-se da desordem de nossas condutas e de nossas determinações – nossa necessidade de jogo, nossa necessidade de sonho, nossa necessidade de ação; amamo-lo agora, como às avessas, porque ele *não está dado*, porque ele ainda não está seguro de si, porque é ele que nos vem solicitar e pedir que nos enraizemos nas coisas, a fim de que também ele se determine, penetre no real e termine, talvez, por se definir. Amamos, pois, mais *o que se faz* que o que é. Todos amamos, antes de tudo, as livres determinações do verbo ("partamos", "sonhemos", "edifiquemos"); é possível que, em seguida, amemos o geral em que as determinações se enraízem; um terceiro amor nos leva agora às *obras* do geral no seio da realidade, no individual. Amamos as pessoas e as coisas através das quais o geral exerce sua ação. Vamos pois sem cessar dos seres reais a seu fundo de idealidade, num vaivém que não se detém senão quando nos damos conta de que dessa maneira deformamos os seres reais, pelos sentidos de que os dotamos, e, outrossim, os sentidos, pelas individualizações que lhes atribuímos. Para Pigmalião toda a idealidade do artista deveria poder, doravante, estar contida na pessoa de Galateia. Mas que conteúdo de determinações autorizaria a uma *única* obra pretender esgotar a vocação de seu criador? Para o pensamento isso não seria senão mentira e mutilação. Nenhum criador pode, impunemente, pôr sua criação realizada acima de seu poder criador. Se Pigmalião é um verdadeiro artista, deve pedir aos deuses que devolvam Galateia ao mármore de que ela saiu.

Pigmalião votou-se ao sofrimento, porque cometeu a imprudência de crer tanto em uma de suas obras. Uma só criação não lhe podia assegurar determinações indefinidamente;

"contudo, ele enterrou sua visão criadora numa só criação. Uma Galateia vivente perderia todo o encanto, pois logo seria esmagada pelo peso de sua idealidade. É uma maldição da criação e uma precariedade do ser que o individual seja às vezes esmagado pelo sentido geral que ele incorpora. E essa é talvez a razão por que as religiões não conseguem nunca, em seu supremo momento de glória, dar grandes obras de arte (salvo as arquitetônicas, onde o geral não se exprime diretamente): sua carga de generalidade pesa demasiadamente sobre os destinos e as realidades em que se enraízam. Mas é também a razão por que as religiões do passado puderam levar a criações artísticas de grande valor toda vez que o sentimento religioso *se enfraquecia*: na Grécia, após o século V, ou na Europa cristã, durante o Renascimento; seus sentidos gerais tornavam-se, enfim, suportáveis para as realidades individuais (que prova incontestável nos oferece, neste sentido, a pintura religiosa do Renascimento laico!), deixando-as livres para se exprimir e oferecendo-lhes até um conteúdo de manifestação no geral que elas incorporavam. Bach jamais teria podido criar numa época de religiosidade tirânica. Os artistas têm necessidade de um geral crepuscular.

Dos anjos aos artistas, passando pelos homens comuns e pelos reis, ninguém está a salvo da *horetite* crônica, quando o impacto do geral se torna demasiado importante. E por vezes ela pode pesar sobre o destino de todo um povo – e não somente dos que vimos atormentar-se em sofrimentos agudos. Assim, poder-se-ia efetivamente dizer que o Islã representou para os povos árabes um freio a seu ser histórico, impedindo-os – após um início que parecia brilhante e que podia eclipsar, no tempo dos mouros, o mundo europeu – de dar-se determinações capazes de lhes assegurar uma existência histórica plena. Quanto às etnias turcas, que talvez jamais tivessem tido vocação criadora, o Islã não lhes deixou senão uma vã capacidade de conquista e dominação, vazia de qualquer conteúdo de cultura e de civilização (o fato de seu império ter deixado poucos vestígios no Sudeste europeu diz muito a esse respeito).

E se um dia, devido a um abrandamento da tensão sob a qual vive atualmente, um povo ultrapassasse a fase aguda de sua *horetite*, ele logo cairia em sua fase crônica – vítima, ele também, como os árabes, da força quase tirânica do sentido geral religioso que lhe conferiu sua identidade. Certamente, jamais se saberia o que esperar de um povo em que a parte de gênio fosse tão grande e inesgotável como entre os gregos; todavia, quem quiser aprofundar o estudo da *horetite em suas duas variantes* – aguda e crônica – deverá obrigatoriamente debruçar-se sobre a história – e a não história – dos povos eleitos.

Se em sua forma *aguda* a *horetite* acusava uma extraordinária cegueira de si, a precipitação das determinações, a nítida preferência pelas determinações simplesmente possíveis e até pelas imaginárias e artificiais, ilusoriamente plenas, em detrimento das determinações reais, e se, no plano histórico, ela se manifestava por um poder criador sem objeto, por uma inquebrantável obstinação, por um espírito espartano e pela a-historicidade, com a *horetite crônica*, em contrapartida, surgem agora as determinações estacionárias, ou significadas de antemão e estéreis, uma melancolia superior, a tristeza pós-vitória, o ressentimento, a incerteza e a resignação – ativa, porém –, a consciência do tédio e da mutilação pelo absoluto. Com cada uma das doenças espirituais que ele identifica, o homem encontra o seu Muro e nele se lamenta, como o povo de Israel. Ou tenta prosseguir, levando-o consigo.

5
Ahorecia

É com a *ahorecia* que começam as doenças da lucidez. Certamente, momentos de lucidez apareciam já nas doenças precedentes: o homem podia saber que não estava em ordem, quer com o geral, quer com o individual, quer com as determinações. Mas até aqui ele jamais ficava *voluntariamente* doente, recusando um ou outro dos termos ontológicos. Agora ele os desafia alternadamente e crê, com razão às vezes, na excelência de sua recusa, que ele imagina enriquecer o espírito, como se dá na matéria, em que a perda de carga elétrica gera íons positivos. A lucidez – que definitivamente é constitutiva do homem – tornou-se-lhe, assim, fonte de desregramentos.

A *ahorecia* designa a recusa, ou a renúncia – mais categórica ou mais matizada – a ter *horoi*, determinações. A ilustração que nos oferecia a peça de Beckett, *Esperando Godot*, era típica da forma exasperada da doença, da recusa categórica e total das determinações. Solidária desta é a experiência hippie: pois ela é ainda uma expressão da exasperação (inferior, é verdade). Mas, se a presença da *ahorecia* é, por assim dizer, insólita na civilização do espírito ativamente *aberto* que é a nossa, a doença parece encontrar naturalmente seu lugar nas concepções e na espiritualidade da Índia; sua expressão literária não será, aqui, uma simples obra dramática nem uma experiência excêntrica e juvenil como o movimento hippie, mas uma extraordinária epopeia, que é a alma mesma desta cultura, o *Baghavad Gita*, em que a experiência espiritual de recusa das determinações já não assume a forma de uma ex-centricidade: é a conclusão, *consagrada na escala histórica*, de uma tendência superiormente lúcida a se apartar do mundo.

Arjuna, o herói do *Bhagavad Gita* é o guerreiro que recusa o combate, como já se disse. "Ó Govinda, para que servem tantos reinos, para quê a própria vida, se aqueles para quem deseja-mos esses bens estão agora no campo de batalha?",[35] pergunta ele a Krishna. O deus mostra-lhe que ele deve lutar, pois tal é a sua lei (de *Ksatria*), mas acrescenta que o ato é inferior à yoga do conhecimento. Então, para que combater?, insiste Arjuna. E o deus lhe responde que tudo o que se lhe pede é que ele seja afastado do combate e renuncie ao fruto de seu ato. Há que ver o "não atuar" no atuar. "Mas estás ligado ao ato oriundo da tua natureza, ó filho de Kunti; o que, por causa da desordem do teu espírito, desejas não fazer, fá-lo-ás ainda assim."

Essa desordem do espírito no não atuar, ou na recusa a dar-se as determinações deste mundo, parece governar toda consciência superior no mundo indiano. Mas o que parece estranho, visível até nesta cultura, é que os deuses se dão todas as espécies de determinações, numa abundância verdadeira-mente inaudita, ao passo que o homem recusa todas. É como se os deuses indianos, cujas faces, manifestações e nomes são tão numerosos que nem sequer a imaginação pode calcular nem controlar, sofressem de *horetite*, enquanto os homens sofrem de *ahorecia*.

Com efeito, em face da variedade de encarnações e meios de que se vale aqui o mundo celeste, o mundo terrestre tende a eliminar ou, pelo menos, controlar e dominar todo impulso

---

[35]Segundo *"La Bhagavad-gîta" telle qu'elle est*, tradução de A. C. Bhakti-vedanta Swami Prabhupada, Éditions Bhaktivedanta, Paris. (*N. da F.*)

carnal e toda reação espontânea do espírito. Em parte alguma além do mundo indiano teria podido dar-se um meio de *ação* semelhante à "resistência passiva". O milagre da *ahorecia* – e de todas as doenças espirituais – é ter tornado positiva uma forma de negatividade absoluta, é ter mudado em ação eficaz a mais total das passividades. Apesar disso, enquanto os deuses não cessam de se dar novas faces e rejubilam, em sua polisso-matia, a cada nova encarnação, o homem indiano sustenta que a cadeia de reencarnações é uma maldição e que nosso eu, que não aspira senão à paz no seio do infinito, enlouquece e se exas-pera encarnando incessantemente. Nesta dupla visão indiana sobressai com nitidez ímpar o contraste entre a *horetite* e a *ahorecia*. Aliás, teríamos podido muito bem ilustrar a *horetite* (aguda) com o desencadeamento das determinações nas di-vindades indianas se não tivesse sido ainda mais característica deste mesmo universo a *ahorecia* dos indivíduos e da sociedade histórica. Não obstante, o contraste entre a recusa ontológica, no real, do homem e a avidez ontológica, no real igualmente, do deus diz muito mais sobre este mundo indiano de todos os contrastes. É possível que o seu sentido geral, Brama, seja tão vasto – diferentemente de um Jeová e de um *Al-Lah* –, que, comparados a ele, o homem e a sociedade já não signifiquem nada, e os deuses signifiquem tudo.

Mas há radical diferença entre, por um lado, *querer* de-terminações, como na *horetite*, e *não* obter as apropriadas e, por outro, *recusá-las*. O ahorécico recusa as determinações em nome do geral, ao qual o individual deve integrar-se totalmente – fundir-se nele "como uma estátua de sal", di-ria o pensamento indiano. Quando o geral era diretamente projetado no individual, através do qual ele se "realizava", apareciam a precipitação das determinações e a cegueira, na *horetite* aguda, e a tristeza pós-vitória, na *horetite* crônica, Já na *ahorecia*, onde é antes o *individual* que se realiza através do geral, aparecem a lucidez e não a cegueira, a alegria na derrota e não a tristeza no triunfo. Tal foi o caso dos estoicos, os únicos, com os ascetas, na cultura europeia, que nos lembram diretamente o universo espiritual indiano.

O estoicismo religa diretamente a razão individual à razão universal. "Tu existes como parte: desaparecerás no todo que te produziu, ou, antes, por transformação, serás recolhido em sua razão seminal",[36] escreve o imperador Marco Aurélio, depois do escravo Epicteto, que dissera: "Recorda que és o ator de um drama que o autor quer assim." O estoico não tem pois necessidade da mediação das determinações para se alçar ao geral; por isso, em nome deste, recusa todas. "Que poder tem o homem de não fazer senão o que Deus deve aprovar e de acolher tudo o que Deus lhe reserva!"[37] E em outra parte: "Joga pois tudo fora, não guardes senão pouca coisa",[38] ou ainda: "Não respeitar, nem um pouco, nada que não seja a razão."[39] O homem nada tem que fazer além de consentir no exterior – ainda que seja mendigo – e triunfar no interior, elevando-se, pelo sentido do geral, acima de tudo o que se passa no mundo e nele mesmo. O homem deve aprender a indiferença. "Se abraças teu filhinho ou tua esposa – medita Epicteto, com a crueza da indiferença –, diz-te a ti mesmo que estás abraçando um ser humano; assim, se um deles morrer, não te sentirás perturbado."[40] No que te concerne, "não te deixes seduzir (...) mas despreza a carne como se estivesses para morrer";[41] aja de modo que "a parte diretriz e dominante de tua alma não mude ao sabor do movimento fácil ou agitado que te revolta a carne";[42] no que

---

[36]Segundo a versão francesa: *Les Stoïciens*, textos traduzidos por Émile Bréhier, Bibliotheque de la Pléiade, Marco Aurélio, *Pensées IV*, 14, p. 1.161. (*N. da F.*)

[37]*Id.*, Epicteto, *Manuel XVII*, p. 1.116. (*N. da F.*)

[38]*Ibid.*, Marco Aurélio, *Pensées XII*, 11, p. 1.243. (*N. da F.*)

[39]*Ibid.*, *Pensées III*, 10, p. 1.156. (*N. da F.*)

[40]*Ibid.*, Epicteto, *Manuel III*, p. 1.112. (*N. da F.*)

[41]*Ibid.*, Marco Aurélio, *Pensées II*, 2, p. 1.146. (*N. da F.*)

[42]*Ibid.*, *Pensées V*, 26, p. 1.176. (*N. da F.*)

concerne ao mundo, não há que "espantar-se / nem / aterrar-se com coisa alguma".[43] É ainda Marco Aurélio quem fala. Ele que soube alçar-se à significação do todo, já quase não tem de se valer da palavra: alguns aforismos lhe bastam. Mas não se trata, aí, dos aforismos explosivos e provocadores de que se servirá Nietzsche, e sim das máximas da sabedoria que não quer reformar o mundo, só penetrar-lhe mais profundamente a ordem e o segredo. "Tu és uma ideia, e não exatamente o que representas",[44] diz ainda Epicteto. Nesta última quietação do pensamento, as próprias determinações da cultura e da filosofia especulativa se tornam vãs: "... quando eu quis fazer filosofia, não me encarnicei contra um sofista nem me julguei em condição de compor obras, ou de analisar silogismos, ou de me ocupar dos fenômenos do céu; para tudo isso é preciso o auxílio dos deuses e da fortuna",[45] confessa Marco Aurélio. Nos estoicos a *ahorecia* é quase total.

Ainda os deuses ou, mais exatamente, o Deus de uma religião segura de si é que iria levar à extraordinária forma de *ahorecia* dos ascetas cristãos do Oriente. Nenhuma determinação deste mundo interviria a partir de então. Os estoicos ainda aceitavam uma forma de refúgio *no* mundo, quando se dobravam à exigência de desempenhar o papel que lhes tinha destinado o Dramaturgo. Agora, com os ascetas, a recusa dirige-se igualmente ao mundo exterior, tornando-se absoluta sua *ahorecia*; se, no interior, persistem ainda algumas determinações conscientes, até verdadeiros combates contra as desordens de seu próprio espírito ou contra as tentações do Maligno, tudo o que se lhes passa na alma aspira a uma forma de realização que conduza, no limite, através do êxtase e da união com a natureza geral, à anulação de todas as determinações.

---

[43]*Ibid., Pensées I*, 15, p. 1.141. (*N. da F.*)

[44]*Ibid.*, Epicteto, *Manuel I*, p. 1.111. (*N. da F.*)

[45]*Ibid.*, Marco Aurélio, *Liv. I*, 17, p. 1.145. (*N. da F.*)

Não nos demoraremos nas naturezas extáticas, que são, no fundo, o avatar final no caminho da ascese e incontestavelmente pertencem, nesta qualidade, ao registro da *ahorecia*. "Meu coração estava inundado de luz e claridade, mas eu não podia distinguir cor nem forma", conta um extático da Igreja Oriental no século XVII, mostrando-nos que até as determinações mais ordinárias – as cores e as formas – devem desaparecer na ofuscação do êxtase. Essas naturezas nos permitem, em contrapartida, passar desses mundos de exceção, como o mundo indiano, de suas doutrinas de exceção, como o estoicismo, e dessas manifestações religiosas extremas, como a ascese, ao homem comum, que cai, ele também, e mais amiúde que o que se crê, em formas de *ahorecia* semelhantes às precedentes.

Poder-se-ia afirmar que há até na natureza um equivalente do transporte extático e que, por conseguinte, se encontra no real mesmo um fundamento ontológico da *ahorecia* extrema. Com efeito, no mundo do vivente como na natureza inanimada, uma situação da ordem do "transporte" deve necessariamente aparecer. Esse processo, quase instantâneo, que o ser humano registra no momento em que, no êxtase, ele se engolfa em algo de geral (como no êxtase estético, por exemplo), representa a absorção direta, por uma natureza mais geral, do individual. Podem-se, portanto, conceber, a partir de afirmações dos cientistas, não somente substâncias que extraem e atraem para sua própria organização partículas de outras substâncias, digamos: elétrons; não somente corpos celestes que levam consigo, em sua órbita, outros corpos – como a Terra teria arrastado, na opinião de alguns, a Lua; mas também substâncias ou corpos em que outros, de todo integrados, até à extinção de suas determinações específicas, são, assim, pura e simplesmente ahorecizados. E, definitivamente, toda "assimilação" efetuada (o comer, por exemplo, sobre o qual o pensamento indiano fala mui profundamente) integra em dada realidade uma grande generalidade de naturezas individuais, que podem ser-lhe necessárias para que se abra a novas determinações – com a condição de que ela não permaneça, como a matéria inanimada, na letargia de sua própria generalidade. Graças a semelhantes integrações, a realidade autoriza processos revolucionários fecundos, em lugar das lentas transformações, pela acumulação progressiva de determinações.

Todavia, essa boa precipitação na direção do ser (ou da verdade) se produz mais frequentemente no homem, por exemplo, nos assaltos que o conhecimento faz à verdade, todas as vezes que as condutas "indutoras" (isto é, que já não buscam antecipadamente uma justificação lógica, mas simplesmente se dão) remetem o pensamento para o geral, segundo um modelo que se poderia chamar uma integrante ontológica. Mas ainda mais reveladora desse fenômeno é, no homem, outra de suas condutas: a do amor.

Quando se veem diante da necessidade de falar de seu "transporte", os extáticos não o podem fazer senão em termos de amor. Poder-se-iam, aliás, distinguir muitas sortes de amor (seis, diríamos nós; consoante as seis doenças do espírito), mas em cada uma delas acaba por revelar-se que o que é verdadeiramente amado é o geral. "Todo amor verdadeiro é amor a Deus", dizia Max Scheler, numa interpretação laica, suas palavras nos parecem encerrar uma profunda verdade: no fundo, é sempre o geral o que amamos, e isso até mesmo no nível mais baixo de manifestação, onde, como se disse, amamos uma bela criatura não por ela mesma, mas no interesse da espécie, ou seja, do geral. E quando intervém a lucidez, como na doença espiritual que estamos examinando, quando, por conseguinte, nos tornamos conscientes de que amamos, através do ser ou da realidade por que temos afeição, tão somente o geral, então, ainda que entremos em êxtase contemplativo, somos acometidos de *ahorecia*. Que podem ainda verdadeiramente valer nossas determinações, *nosso* amor tal qual, comparados ao geral? E se o geral nos incita, agora, a que nos demos novas determinações, à *sua* medida, elas logo soçobrarão na monotonia das determinações dos estoicos, dos ascetas ou dos anjos, ou seja, elas se porão sob o signo da *ahorecia*. Pois, diferentemente das naturezas angélicas, que estão desde o início na ordem geral, o homem nela se instalará por um ato de lucidez que, enquanto extinção voluntária de suas livres determinações, representa para ele uma forma efetiva de *ahorecia*.

O próprio amor, aliás, em todos os aspectos, tem sempre algo de ahorécico e de quase ascético: a recusa do mundo, em nome de uma só de suas criaturas, em nome de uma felicidade em que haverá cada vez menos lugar para novas determinações, ate a mais banal das *ahorecias* deste mundo: o tédio. Até mesmo o tédio superior, o que se qualifica de metafísico, talvez não seja senão amor demasiadamente bem realizado: o amor da lucidez em si, da claridade de que falava o extático oriental, na qual já não se distinguem as cores nem as formas, e na qual o grande desiludido do tédio metafísico já não percebe os significados nem o milagre do mundo.

Se o amor pode oferecer, na escala do comum humano, um terreno favorável, e até um exemplo, para a *ahorecia*, tal deveria ser igualmente o caso de sua sombra chinesa na tela da cultura, a saber, o caso da poesia lírica e, definitivamente, da poesia *tout court*. Poder-se-iam reencontrar na poesia as duas modalidades arquetípicas que a *ahorecia* faz intervir: a ascese e o êxtase. De fato, a poesia é, antes de tudo, uma ascese no sentido estrito do termo, pois é um "exercício" do espírito e da alma, mas é também, em sentido mais lato, precisamente, uma ascese da palavra nas sucessivas renúncias a que ela se entrega: a renúncia à função de comunicação imediata da palavra, digamos, à prosa do Sr. Jourdain; mas também a renúncia à sua função de comunicação superior, pelo argumento e justificação lógica, e, pois, à sua função de conhecimento racional, ao *logos*; à sua função narrativa e épica, se se trata da poesia lírica; há, enfim, a renúncia à sua função de persuasão e – ao menos com a poesia moderna – a renúncia ao poder mágico do verbo sobre o real. Por todas essas renúncias, que parecem ser para a palavra como uma oportunidade de se apartar do mundo e suas determinações, a poesia quer mudar a palavra em triunfo absoluto da contemplação. Quer fazê-lo com a palavra em si – como um São Simeão em sua coluna de mármore –, para além de todas as determinações da comunicação, com seu exercício puro e sua abertura semântica, na sintaxe do contexto, na direção de um semantismo, ainda mais puro, da ideia, da emoção ou do valor, a cujo êxtase ela quereria remeter – eis o *que* é a palavra da poesia lírica e, com ela, sua substância. E quantas promessas de admiráveis êxitos há na *ahorecia* a que ela conduz! Mas fato é que conduz à *ahorecia*, até porque a emoção da palavra poética é muito próxima da emoção do silêncio, a que às vezes chega também a contemplação filosófica.

Passamos, na apresentação dos casos típicos de *ahorecia*, da ascese e do êxtase ao amor, e do amor à poesia. Passar da poesia à matemática pareceria menos justificado aos olhos do leitor? Não obstante, não somente a aproximação já foi feita muitas vezes; não somente a matemática traz em si algo de "contemplativo", como o podemos constatar em matemáticos como Euler, que resumiu o mundo numa equação, ou, como o permitem adivinhar, mais próximos de nós, um Wittgenstein e até um Russell – mas, sobretudo, se se trata de examinar as coisas do ponto de vista da *ahorecia*, então sua presença aqui parece inquestionável. Poderíamos, com efeito, citar exemplos célebres de *ahorecia* matemática – um deles, destinado a autorizar a inclusão da matemática entre as atitudes religiosas, tão opostas a ela em outros aspectos, é o próprio Platão quem nos propõe, quando diz que o Deus, ahorécico por excelência, se dá a si mesmo, por assim dizer, determinações quando geometriza, as quais, porém, não o são verdadeiramente (pois se o fossem lhe comprometeriam a pureza e a homogeneidade). Mas, sem recorrermos a tais ilustrações, diremos que a matemática deve ser invocada aqui muito mais que qualquer outra aventura humana, pois será precisamente graças a ela que poderemos trazer a lume a presença e o impacto da *ahorecia no mundo moderno*.

Não é a matemática uma verdadeira ascese do conhecimento? Numa concepção larga da ascese (que reencontra, de modo surpreendente, o sentido originário de "exercício", tão evidente na matemática), ela é uma ascese do pensamento conhecedor, como a poesia era uma ascese do pensamento eloquente. Com a matemática, o espírito recusa-se a *conhecer* qualquer domínio da realidade, afasta-se voluntariamente de todas as determinações do real e parte para o "deserto", tornando-se, ele também, como São Simeão, uma espécie de "estilita", alcandorado na coluna estreita de um punhado de axiomas e postulados. A pureza ahorécica do matemático – que não só renuncia a todas as determinações do real mas, além disso, parece confiar em que não as reencontrará em seu exercício: segundo Russell, o matemático não sabe de que fala nem, sobretudo, se fala de alguma coisa –, essa pureza, pois, teria sido um escândalo na cultura humana e teria parecido puro e vão jogo se ela mesma não tivesse levado – contrariamente à ascese, que pretende pôr-se ao serviço do mundo todo apartando-se dele – a uma fantástica e inesperada reconquista do real. Pois essa pureza não parece estar ao serviço do que quer que seja, como em outros "retiros" (e para Pascal, ele próprio matemático de gênio, a matemática é um jogo, bem mais que uma atividade séria – é, ao menos, o que escreve ele a Desargues). Temos aí uma das mais surpreendentes lições que nos dá o espírito, com suas doenças, a respeito das virtudes da recusa e da *ahorecia* em particular. De toda essa ascese do pensamento conhecedor que é a matemática redundou mais que um triunfo do conhecimento: dela redundou, pela técnica, uma demiurgia criadora que, como o triunfo do conhecimento, nos convida a crer que Platão tinha razão ao dizer que Deus geometriza, conquanto não no sentido de remédio para sua ociosidade.

E no entanto algo da *ahorecia* inicial sobreviveu até nas duas realizações, tão inesperadas, da matemática: o conhecimento e a técnica. Não nos demoraremos no primeiro aspecto, puramente teórico, da sobrevivência de uma "recusa" das determinações reais no êxito mesmo da matemática em conhecê-las e explicá-las (por intermédio das ciências a que ela se aplica); pois, com efeito, reduzir todas as determinações às expressões matemáticas que lhes formulam as leis significa projetá-las, desde o real, numa tela que delas não retém senão a forma espectral; ou então significa torná-las semelhantes a "outra coisa", assimilá-las e anulá-las enquanto tais, exatamente como o quer a *ahorecia*. Mas sublinhemos, em contrapartida, este outro aspecto da sobrevivência da *ahorecia* matemática – pois ele concerne diretamente à vida prática do homem –, a saber, seu prolongamento ou reaparição no universo dos objetos fabricados, universo monótono, até quando parece uma selva da demiurgia criadora; e mostremos, sobretudo, que, devido a essa progenitura direta e indireta da matemática que é o mundo técnico do industrialismo e da máquina, a vida histórica encarrega o homem de novas responsabilidades, de controle racional, de racionalização e de predeterminação, que não existem sem reencontrar, aos olhos de alguns, algo do problema teológico da predestinação (por solidário que é o homem consigo mesmo em tudo o que faz, seja no sacro, seja no profano) e que, em todo caso, já parecem reativar a *ahorecia*.

O homem europeu, e em sua esteira o homem do planeta, está prestes a converter sua *catolite* (sua doença histórica, contraída na busca de um geral apropriado), por um lado, tanto em *todetite*, ou seja, em obstinação em encontrar um individual apropriado, como em seu prolongamento, a *horetite*, ou seja, a dificuldade de dar-lhe determinações apropriadas, e, por outro lado – dada sua lucidez –, em *ahorecia*. No fundo, o homem europeu é provavelmente o único que contraiu *todas* as doenças do espírito (pois veremos como as duas últimas o acometem igualmente). Mas por ora abordaremos apenas sua *ahorecia*, que nos parecera característica do mundo indiano. Trata-se, *porém*, de *outra* variante da *ahorecia*, pois que também o geral em que o espírito europeu encontra sua medida é diferente de Brama.

Com um geral menos vasto, com um tipo de razão que muito amiúde já nem sequer busca justificações filosóficas, mas se proclama, de modo totalmente sumário, "ordem racional", se é que ainda se dá o trabalho de denominar-se, o homem de nossos dias recusa as determinações mais espontâneas, tanto as da natureza como as suas mesmas ou as da sociedade. Ele já não pode – e isso já em todas as partes do mundo – não planificar, não organizar, não predeterminar e não tomar o espaço das determinações livres, em perfeita *ahorecia*. Como nos estoicos, o mundo se esvazia de surpresas, enquanto o conhecimento, ele também, tende a se esvaziar de toda novidade, ou vem – como a filosofia banal – explicar perfeitamente, diante das raras novidades, que, palavra de honra!, as coisas deviam inexoravelmente produzir-se dessa maneira. Em todo caso, novidade radical já não existe. (Ou então esperamos um eventual "contato imediato de terceiro grau"!)

Doravante já não aprenderemos nem encontraremos nada que nos possa surpreender por contato direto; quando muito, por vias indiretas. Outrora, ao descer de Nijni-Novgorod para a Crimeia, ao longo de milhares de quilômetros, Máximo Gorki viu e aprendeu algo em cada aldeia por que passou. Hoje, nada de novo se apresenta, aos olhos do viajante ao menos, nas cidades e vilarejos do mundo, e não somente no Leste, onde a *ahorecia* social é evidente (as classes tendem a desaparecer), também, cada vez mais, em todas as partes do planeta. Os homens se agitam e se deslocam como nunca, mas já não viajam verdadeiramente. O estrangeiro que trazia consigo a novidade e que se confrontava com a dos outros está para desaparecer. Como as gentes do deserto, marchamos mas não avançamos, apesar de nossa extraordinária mobilidade. Com efeito, o homem da *ahorecia* é precisamente *o que já não viaja*.

E porque, faz já muito tempo, deixamos o homem das experiências extáticas e da ascese, para nos debruçar sobre o caso, mais humilde, de nossa vida comum, tão ligada ao tempo presente, gostaríamos, com a permissão do leitor, de lhe submeter um destino individual de ahorécico. Pois, pensando bem, uma doença, ainda que do espírito, não existe senão através dos doentes. E se nos tratados se pode aprender muito sobre seus sintomas e sobre sua manifestação, ainda resta muito por descobrir no prontuário de um doente; tanto mais que só este se apresentou diante do autor para ser examinado. Trata-se do autor mesmo.

Descrevendo desinteressadamente a doença espiritual da *ahorecia*, ele teve, em dado momento, a surpresa de ver que traçava e pontuava seu próprio destino. Por que o esconderia ele, se seu exemplo pode servir, ainda que pouco, a uma investigação teórica? Somos todos, afinal de contas, parcelas de teoria, humildes insetos no insetário da humanidade, e se o inseto tenta fazer-se entomologista, como aqui, ele não pode senão servir melhor ao conhecimento do insetário, antes de tornar a cair nele.

Vamos pois descrever objetivamente um caso de *ahorecia*, tal como teria podido ser consignado por um médico especialista, digamos, um "nooiatra".

A FICHA CLÍNICA

O paciente declara ter lido Kant aos dezoito anos e ter se sentido arrebatado da vida pelo pensamento especulativo. (Estamos na presença, típica, do "transporte", fenômeno que está quase sempre na origem da *ahorecia*. Ele pode às vezes ser substituído pela recusa pura e simples, mas unicamente na *ahorecia* degradada. A forma que se enraíza no "transporte" é a forma positiva, a despeito de seu cortejo de negações. É revelador que o doente faça referência a Kant, homem que nunca viajou em sentido próprio.)

De início, esse acontecimento lhe modificou o curso da vida, dando-lhe uma precoce mas, como se deu conta em seguida, falsa maturidade. Era a maturidade de uma atitude e não de um conteúdo. Embora estivesse imerso na cultura, ele rejeitava-lhe, em nome da especulação, domínios inteiros, como, por exemplo, as artes, e recusava, naturalmente, tudo o que fosse aplicação prática, pesquisa de campo ou ação. Recusava, igualmente, participar plenamente da vida dos outros, sem se explicar muito bem como lhe acontecia por vezes, com sua não participação e até com sua incompetência em seus domínios de ação, impor-se a eles. (O paciente parece ignorar a "força do negativo".) Ele já estava consciente, nessa época, de uma tendência ao excesso, presente em sua natureza, e quando leu as confissões de alguém que preferira na vida o excesso no mais, disse a si mesmo que ele o preferia decididamente no menos. (Ainda um traço típico da *ahorecia*, que não reside, como parece crer o paciente, na "natureza humana", mas no ato de lucidez, até mesmo juvenil, que leva à autocontaminação.)

À pergunta sobre se foi solicitado pelos sentimentos de atração e de amor que experimentam naturalmente os jovens, respondeu que quanto a isso se sentiu na mesma condição que os outros; mas não pôde esconder o interesse com que descobriu, no contexto do excesso no menos, que poder de atração dava a recusa – simulada, evidentemente, na maior parte dos casos – de deixar-se atrair. Ele até elaborou uma teoria do don-juanismo pela não conquista, assim como elaborara uma do não agir, na prática da não posse, para a qual ele sabia ter verdadeira e salutar vocação – dadas, reconhece ele, as circunstâncias históricas particulares em que iria viver. Elaborou também uma teoria das cinco concepções do não A. (A esta altura, julgando que tal proliferação de negativo caracterizava de maneira suficientemente significativa o ahorécico no quadro de sua vida, nós o interrompemos.)

Ele prosseguiu confessando que acreditara alcançar, por esse trato com o negativo, a "virtude", e que começava a sentir certo orgulho disso; mas, jovem ainda, terminara por compreender os limites da virtude nua e crua. Primeiro, ela pode significar algo "para os outros", se não for mais que *atitude* virtuosa; segundo, se tal é o caso, ela leva em demasiada consideração as recusas, o que não parece próprio de uma verdadeira virtude; por fim, ele percebeu que em seu próprio caso a virtude era antes feita de virtuosidade, e começou a suspeitar dela enquanto tal. (Introduzindo a noção de virtuosidade, ele cai, mui oportunamente, no que é típico da ascese num plano profano, ou seja, não passar de simples exercício, sobretudo nos ahoréciços mais inveterados.) Dado que sentia em si certa hipocrisia, percebendo-lhe os amigos um lado jesuíta, quando não chegavam a honrá-lo com o qualificativo de "diabólico", ele procurou compensar o que sua base moral tinha de incerto cultivando uma virtude que lhe parecia, esta sim, autêntica: a virtude do "secretariado". O paciente entende por isso um modo, por pouco organizado que seja, de aproveitamento dos outros, por sua valorização mediante uma ideia na discussão ou, ainda, de uma imperceptível programação dos encontros com eles, sem que o programador acabe necessariamente por organizar agrupamentos (literários ou ideológicos) cujo secretário-demiurgo teria podido ser ele. Agradava-lhe a condição de secretário, ou seja, homem que se desdobra para segregar a si mesmo, atuando, por assim dizer, na sombra, mas em verdade no centro das coisas, para estimular os outros. Chegava até a correr o risco, numa discussão, de sair derrotado, com o único intuito de melhor mobilizar os outros (que formas menores pode assumir a alegria estoica na derrota!) e de eclipsar-se em seguida, aparentemente anulado, mas ao mesmo tempo principal agente oculto. (Terrivelmente significativo: o indivíduo *não se dá* determinações; ele faz tudo, em contrapartida, para que os outros lhas deem. Temos aí uma "transferência de ação", que se deve reter para o estudo do duplo jogo da passividade e da atividade inibida, no caso da *ahorecia*.) Por essa atitude, ele alcançava um estado de indiferença (tão típica!) que o fazia dizer que se deve amar a alternativa com suas duas possibilidades simultaneamente: "Se alcançar meus fins, muito bem, terei a volúpia; se não os alcançar, igualmente muito bem, terei a virtude."

Tudo isso se passava na calma ilusória de sua primeira juventude. Não foi atraído – perguntamos-lhe – por experiências extáticas, fixadoras? Ele reconhece que sempre desconfiou delas, como de uma tentação demasiado grande, estando retido já pleno de êxtase contemplativo, que – ele sabia-o bem – não podia ser alcançado senão após anos de "exercício" (é evidente que o *Parmênides* de Platão o seduzira de imediato, por essas mesmas razões); ele no entanto se sentiria, durante algum tempo, seduzido pela música, vendo nesta arte um "exercício" infinito do sentimento, e fixou-se em Bach, em que via, para além até do *Kunst der Fuge*, o exercício absoluto. Após madura reflexão, toda a cultura lhe pareceu um exercício: "D. Quixote é um exercício, Shakespeare e o teatro, também, Goethe, toda a filosofia – exercícios." (Interrompemo-lo de novo, retendo apenas a atitude particular do ahorécico em face do fenômeno da cultura.) Da poesia ele reteve sobretudo a palavra em sua pureza absoluta, tendo desde muito jovem o sentimento de que uma palavra pode ser acariciada ou consolada como um ser vivo. E deplorou amargamente a desventura da palavra *petrecere*,[46] vocábulo tão prometedor que fora, porém, desvirtuado pelos pândegos. (Talvez um linguista lhe aceitasse a teoria, mas, no plano existencial, a *petrecere*, filha ligeira do que se passa, é, na verdade, carregada de sentidos, ao passo que as acepções cujo esquecimento ele lamenta, enquanto ahorécico, planam, sem consistência, acima da vida.)

O paciente não soube dizer-me por que tanto venerara a matemática. Na verdade, ele experimentou-a muito pouco, jamais entregou-se de fato a ela, receando, uma vez mais, que algo além do pensamento especulativo o viesse arrebatar; contudo, sempre lhe votou um culto particular, voltando a ela, nos anos seguintes, duas ou três vezes, com uma devoção de apaixonado rejeitado, sempre em vão. Foi seduzido, talvez, por ver nela uma nobre forma de não conhecimento, como na especulação, enquanto todas as demais ciências têm o apetite "primitivo" (horror do ahorécico) de conhecer determinada coisa, o que acaba por redundar em sua mutilação e unilateralidade, de amargo preço nos dias de hoje. Mas, insistia, ele não compreende muito bem o que sempre o fascinou na

---

[46] A palavra romena *"petrecere"* designa tanto "a passagem, o curso da vida" como, por extensão, "o curso agradável que pode assumir a existência" e, por fim, "festa" e "comezaina". (*N. do R.*)

matemática, revelando-lhe seu "desespero". (Como se não fosse óbvio que, acometido de sua doença espiritual, ele devia, inevitavelmente, em seu momento de pureza imaculada, venerar esse supremo modo de nada fazer que é a matemática.)

Fato é que aos vinte e cinco anos ele voltou voluntariamente as costas a todo engajamento. Excetuadas algumas viagens de estudo (viagens de não viajante!) e seus escritos, ele nada fez. O paciente é categórico, reconhecendo todavia que a partir de determinado momento as circunstâncias históricas o favoreceram: "Durante trinta anos não fiz nada." (Eis uma maneira, típica, de ahorecizar uma existência: o paciente parece decidido a não ver nenhuma espécie de determinações. Tivemos de insistir. Não teria realmente feito nada, no sentido de participação direta? Nenhum ato público?) Acaba por confessar uma exceção, reconhecendo que cometeu uma tentativa de participação; mas escolheu, para tal, o momento em que "já não havia nada a fazer". Na vida, ele sempre gostou dos vencidos, prossegue em sua confissão. Decidiu apoiar uma ação quando tudo já estava comprometido. (Naturalmente, um ahorécico não poderia agir de outra maneira, pois é o tipo de homem que vai para a guerra quando a guerra já terminou, escolhendo, ademais, o lado dos vencidos.)

Mas e a guerra, a verdadeira, aquela que rebentou em seus mais belos anos? Com isso, animou-se um pouco. A guerra foi para ele uma experiência extraordinária. Sabia de antemão que, apesar de seus horrores, a guerra exercia grande poder de atração sobre alguns homens. Permitia que lhes saísse, de sua gaveta secreta, um *alter ego* que a vida do dia a dia deixava sem emprego: um agitador, por exemplo, um valente e até, às vezes, um herói. Em seguida, ela fascinava-os porque, vivendo numa sociedade que lhes fazia assumir grande número de falsas responsabilidades, os instalava numa excelente – e absoluta – irresponsabilidade, reduzindo-lhes as ações a uma só.

Mas a ele, na verdade, era outra coisa o que lhe interessava na guerra: a *inação* (ah!). Não só a guerra arranca os homens de toda atividade constante, na vida privada ou pública; não só os precipita numa espécie de nada onde não lhes é exigido senão sobreviver e, se possível, viver; mas, em si mesma, a guerra pareceu-lhe uma imensidade de inação: noventa por cento dos homens (entre os quais ele) não combatem. Todo o mundo fica à espera de um paroxismo – que, quando ocorre, se mostra incontrolável –, e no resto do tempo não lhe sucede praticamente nada. *Nada de novo no front* é um título perfeitamente apropriado ao estado de guerra (segundo ele). Ele escutou com deleite os que lhe falavam da inação no *front*, até nas linhas avançadas, e percebeu que muitos deles haviam lido precisamente aí obras essenciais. A guerra lhe pareceu uma grande escola de *não advento*, em todos os aspectos, incluindo seu desenlace.[47] (Reconhecemos aí a irresponsabilidade do ahorécico e sua visão do apocalipse.)

Em seguida, deu-se o "estranho interlúdio", sobretudo porque seu país escolheu mal seu parceiro na partida. Mas, segundo ele, essa má situação pode ser revalorizada, precisamente porque põe os homens à margem e os mantém afastados de tudo. A vida "marginal" sempre lhe pareceu conforme à sua passividade ativa, e ele admira tudo o que se passa na margem, a começar pelas experiências do homem em situações-limite, incluindo a condição de "fronteiriço", tal como observou na vida dos "fronteiriços marginais transilvanos",[48]

---

[47]Trata-se, naturalmente, da Segunda Guerra Mundial e da Europa que se lhe seguiu. (*N. da F.*)

[48]Trata-se dos habitantes das aldeias situadas na antiga fronteira do Império Austro-húngaro. Séculos de estatuto particular – ali os camponeses eram, em sua totalidade, livres, proprietários de terras e responsáveis pela integridade do Império – deram a essa região lugar à parte na paisagem romena. (*N. da F.*)

na linha dos Cárpatos, com seu estatuto original e seu ser tão diferente do resultante das determinações de um cidadão comum. Em seu caso, em contrapartida, como no de outros, a marginalidade não era reconhecida e aceita nessa época como valor positivo; ao contrário, era considerada suspeita e, por conseguinte, perigosa. Sob ameaça de uma sanção, ele viveu muitos anos com uma secreta volúpia (típica dos prazeres do ahorécico!). Ele não foi, todos esses anos, esmagado por nenhuma responsabilidade, diferentemente dos que se ativavam na participação, e o paciente declara que viveu, durante esse estranho interlúdio, cada dia de liberdade como um dom. "Um mínimo de perseguição é salutar na vida", diz ele.

Ademais, é precisamente desse período de "espera" (a espera de que lhe acontecesse alguma coisa!) que ele fala como dos momentos mais animados de sua existência. Viveu cinco anos, segundo suas palavras, na febre da "força do negativo", que ele então aprofundava com Hegel, mas sobretudo no extraordinário fervor de Goethe. Crê até que teve com Goethe – através das leituras do autor e de seus comentadores mais importantes – um contato incomum, que ele não pode descrever senão em termos de convivência, de participação direta. Com Goethe, diz ele, festejou e alegrou-se, noivou diversas vezes, rompeu os noivados, administrou um pequeno Estado, fugiu em seguida para a Itália, voltou e mergulhou, primeiro, em investigações pseudocientíficas e, depois, no mundo do teatro; com seu grande amigo Schiller debateu todos os grandes problemas da cultura; sentiu-se desiludido da vida e teve profundo e permanente prazer com seus amores tardios, fraternizou com Fausto e sobretudo com Mefisto, esboçou depois uma reverência e disse, com Goethe: *"Es ist gut."* (Trata-se do sentimento de viver e de se dar determinações vendo outro viver: a experiência ahorécica da "vida por procuração".)

Quando, enfim, veio a prisão, após mais de dez anos de espera *ativa* (diz ele), estava quase cansado da intensidade de sua vivência (entenda-se sua não vivência) e, até certo ponto, aspirava a um tempo de recolhimento, para se recuperar. Se não tivesse feito a amarga constatação de que tudo quanto fazemos e não fazemos, incluindo nossos retiros, tem caráter *social* e concerne de certo modo aos outros, fazendo-os pagar por nós a entrada numa das raras grandes solidões do homem moderno – a reclusão –, ele ter-se-ia então extasiado: nessa época as fúrias já se haviam extinguido, e tudo se reduzia, da parte das autoridades, a um "exercício" e demonstração, para a tranquilidade dos espíritos e a instalação definitiva das coisas na rotina em que tinham entrado. Aqui, entre quatro paredes, com um ou vinte homens, ou sozinho, podia-se recuperar um pouco de vigor espiritual. Aqui, acima de tudo, podia-se recuperar a consciência de que o homem é um *sujeito*, ainda que o mundo exterior – e até o lado bom da existência, para não dizer sobretudo ele – o houvesse transformado em *seu objeto*.

Naturalmente, a subjetividade é terrivelmente frágil, e é apenas em semelhantes circunstâncias que se revelam a miséria e a pequenez do homem, enquanto homem, e enquanto espírito, com sua memória, que arroja até o limiar da consciência aluviões impuras, e com seu espírito, que não sabe dominar os movimentos da consciência nem as questões que ele se coloca. Apesar disso, porém, por menor que se descubra então – *ein kleiner Mann ist auch ein Mann*, diz Goethe, citado pelo paciente –, ele torna-se um verdadeiro sujeito e começa a ver que os outros, do lado de fora dessas quatro paredes, o médico e o cozinheiro, ou, ainda, o temível Argo com seus cem olhos, sempre à espreita, são agora, eles também, objetos humanos destinados a servir o homem e preservá-lo, terminando até por se lhe tornar uma espécie de aliados.

Com efeito, se soubermos instalar-nos na vida (entenda-se, para o ahorécico, se soubermos fazer nela nosso retiro), tudo e todos se nos tornam aliados – assim lhe sugerira, havia muito tempo, um menino que acreditava que "dar o troco" queria dizer dar o resto a quem não tinha o bastante.[49] Só muito tempo depois é que se deu conta da verdade encerrada nas palavras do menino, que valem para a cultura inteira, onde não sabemos o suficiente e onde a ciência do mundo nos fornece o resto; valem igualmente para uma sociedade ideal em que ninguém teria o suficiente, mas onde a excelência do governo e a fraternidade dos homens se encarregariam de prover a diferença. Até em condições de inimizade, crê nosso paciente, se as coisas não se solucionam nesta variante desumana da "contradição" que é a anulação – variante primitiva, cuja barbárie só não repugna à lógica moderna, segundo a qual A e não A se anulam pura e simplesmente –, uma das partes integra a outra, sem a destruir. E assim como nunca se sabe "quem dá e quem recebe", jamais se sabe quem integra e quem é integrado, como na passagem de Hegel acerca do senhor e seu escravo. No fundo, nunca se sabe quem dá o troco. (Visão idílica das adversidades e da vileza do mundo, típica do ahorécico.)

Após esta experiência, pareceu-lhe que era ele que não tinha o suficiente e que todo mundo lhe vinha dar o resto. Lembrou-se então de uma frase de Talleyrand, que ele repensou à sua maneira: *"Qui n'a pas vécu après la révolution n'a pas connu la douceur de vivre."*[50] Tudo lhe parecia incrivelmente bom e estimulante, à altura de todas as suas esperanças, até um pouco acima. No mundo sucedera a revolução técnico-científica, e ela ainda não tivera tempo de mostrar sua amea-

---

[49]Em romeno "dar o troco" se diz: *a da restul*, ou seja, literalmente, "dar o resto". (*N. do R.*)

[50]"Quem não viveu *após* a revolução não conheceu a doçura de viver." Em francês no original. (*N. do R.*)

ça. Ela trazia promessas miraculosas, para a sociedade e para o indivíduo: um controle que já não seria tirânico, mas naturalmente organizado, da insaciabilidade econômica do homem; uma feliz racionalização, agora infalível, da sociedade, uma espécie de programação que reduziria nela a virulência e o desequilíbrio da "novidade", uma programação do indivíduo mesmo, começando por formas de eugenia e podendo dotá-lo de capacidades espirituais mais elevadas, até de melhor memória; uma lenta homogeneização, que, sem suprimir a diversidade, somente lhe cegasse o gume; o espetáculo, enfim suportável, do mundo – como no teatro antigo, onde o espectador conhecia antecipadamente o mito representado e ia ver apenas *como* fora encenado –, ou seja, o espetáculo de um mundo onde já não temos necessidade de viajar porque em qualquer parte dele estamos em casa. (O doente esboça-nos então o retrato de um mundo futuro, tal como nasce no espírito de um ahorécico, com seu inegável perfume de otimismo.)

Tinham-se passado muitos anos, em que não fizera nada, e agora ele estava velho. Mas era precisamente então que havia algo para fazer! (Deve-se reter o que se segue como característico, no mais alto grau, da mentalidade do ahorécico.) Após tão longa não viagem, ele podia dizer que enfim chegara. Definitivamente, o homem passa a vida a esperar que lhe aconteça algo de miraculoso, e nada sucede. E uma frase de Ion Creanga[51] – "É bem possível que ele já tenha chegado, porque nem sempre veio" – pareceu-lhe terrivelmente adequada para significar a hora em que o fim está próximo, a

---

[51]Contista moldávio do século XIX (1837-1889), sob cuja pena a língua romena chegou a um de seus ápices. Uma célebre amizade o ligou a Eminescu, trinta anos mais novo. (*N. da F.*)

qual só alguns (eles, os ahoréticos) são capazes de aproveitar. A vida é uma preparação para a velhice, diz o paciente. Ele sempre pensou que a sempiterna "a vida é uma preparação para a morte" é uma das mais vãs e lamentáveis máximas da humanidade, infelizmente invocada por homens da categoria de um Sócrates, de um Pascal ou, dentro de certos limites, de um Heidegger. Mas é absurda, a não ser que pensemos, com Platão ou Orfeu, que o homem "retorna" da morte à vida. Preparar-se para um estado sem conteúdo? Para um limiar, na melhor das hipóteses? Para o nada, na pior? Em contrapartida, a vida é uma longa preparação para o momento de glória em que o homem pode, enfim, realizar algo *por si mesmo*, em que ele pode estar verdadeiramente em ato: uma preparação para o envelhecimento.

(Qualquer comentário nos parece doravante supérfluo: as coisas falam por si. No máximo, pode-se sublinhar que se dá então, com a senectude, a desforra da *ahorecia* contra a existência, pela transformação de seu negativo no positivo da vida.)

Se a vida não representa um crescendo, então não passa de simples assunto de biologia. Quanto esplendor no envelhecimento – não na velhice, se a considerarmos sinônimo de decrepitude –, quanto esplendor nessa hora em que os pendores da vida se extinguem um a um, e em que já não resta senão o essencial de nosso ser; essa hora em que vemos que tudo tendeu para um único ponto de acumulação, no qual se condensa e precipita nossa vida inteira. Estamos livres então de todas as tutelas, da espécie, da sociedade e até de nossos vãos impulsos e de nossas ambições, totalmente livres para nos tornar enfim homens, sujeitos, e deixar de ser, assim, os pobres títeres que todos manipulavam. Deixamos de lado também todas as nossas esperanças insensatas – de que aconteça alguma coisa, de que o mundo inteiro vá mudar, de que alguma investidura ou felicidade nos caia do céu –, deixamos de lado, pois, "*ce sâle (sic) espoir"*,[52] como dizia um escritor francês. Já não podemos aguardar, adiar, ter esperança. E é por isso que esta idade é a única em que não vivemos *em suspensão.*

Todo homem está suspenso numa virtualidade – e até certo ponto é bom que seja assim, que esteja a salvo de afirmações de si desprovidas de maturidade. Mas como fazer durante todos os anos jovens para que, suspensos nessa virtualidade, nessa disponibilidade ativa, não sejamos contudo seres mutilados? Eis aí toda a sabedoria dos inícios, ao passo que a do fim consiste, ao contrário, em libertar nossas forças criadoras. Os que envelhecem com plenitude – pouco numerosos, mas tão essenciais para o mundo – envelhecem como "supernovas" da humanidade: luzem com brilho sem igual e extinguem-se numa terrível explosão.

Na verdade, todos os que estão ativos trabalham para estes homens, com o único fito de os sustentar, como poderia um *terço* da humanidade – pois tal será em breve o número dos já entrados na magia do envelhecimento –, o terço mesmo que os anos mais talharam, que a vida mais pôs à prova e esclareceu, representar sua parte mais *decrépita*? Isso seria uma ofensa ao homem, ao espírito, ao grande criador, à natureza! Nada germinaria pois em nós e nosso único crescimento seria o dos dentes, das células, do esqueleto?

É justamente *agora*, enfim, que o que se acumulou ao longo dos anos pode verdadeiramente dar frutos; se é verdade que no domínio da criação científica é a primeira parte de nossa vida a mais produtiva, pois a investigação exige uma acuidade, uma atenção e uma energia mental que têm quase tanto de nossa animalidade quanto do espírito (de quanta boa anima-

---

[52] "Essa suja esperança." Em francês no original. O *sic* refere-se ao acento indevido na palavra *sale*. (*N. do R.*)

lidade um físico e um matemático têm necessidade para fazer suas descobertas), é, em contrapartida, a segunda parte de nossa existência a verdadeiramente criadora, no mundo dos valores e da cultura humana. Tanto entre os homens como entre as mulheres, a segunda parte da vida, com sua libertação do jugo da natureza, cria oportunidades inestimáveis para o espírito. Que seria a humanidade sem sua sabedoria? Que é a humanidade hoje, sem ela? Talvez haja tanta incerteza nos êxitos atuais apenas porque a humanidade não teve condições bastantes, no passado, de envelhecer bem. Os homens extinguiam-se demasiado jovens.

É uma oportunidade inesperada o que se apresenta à humanidade com o amadurecimento pelos anos, pois só ele nos pode dar *sentidos* e não apenas conhecimentos, como no-los deu o mundo demasiado jovem de outrora; é ele que dá sentido precisamente a esses conhecimentos, vindos com sua magia, mas também com sua explosão, algo demasiado prematuramente, num mundo algo demasiado jovem. Estamos no momento em que todas as explosões podem produzir-se; entretanto, se soubermos encontrar a chave da feliz implosão que pode ser a velhice, o homem e o espírito rejubilar-se-ão no mundo.

APÓS TERMOS APRESENTADO a *ahorecia*, ilustrando-a tanto com casos gerais como, excepcionalmente, com um caso individual, a tarefa de resumi-la descritivamente parece-nos das mais simples: é a doença nascida de um *transporte* da alma ou do espírito que leva a uma súbita *iluminação* ou lucidez da consciência, em nome da qual o indivíduo se proíbe toda participação e se restringe a *dominar suas determinações*, a ver o positivo do *não ato* e do negativo, aceitando a *derrota*, que ele assimila, e caindo em *indiferença*. Pois ele ama tudo o que se aparta do mundo como tal, da *ascese* e da *poesia* à *matemática* e ao espetáculo da *revolução técnico-científica*: ele subordina a vida e a história à ordem da *razão* que invalida o *novo* e proclama a fecundidade da *não viagem*. A *ahorecia*, recusa das determinações, dá sua medida na hora da *senectude*, quando já nenhuma das determinações cegas do mundo macula o espírito.

6
Atodecia

Quando se dedicava a encontrar uma realidade individual, ou seja, a cidade onde ele iria realizar sua ideia de Estado, Platão sofria de *todetite*. Mas, em contrapartida, teria sofrido de *atodecia* (e dela teria feito sofrer outros) se realmente tivesse aplicado sua ideia. Pois, em sua aplicação, tal ideia teria necessariamente de desprezar a realidade individual, em nosso exemplo o simples cidadão (segundo a *República*, todo jovem teria pertencido a todos, e não somente à sua família, e ninguém teria o direito de deixar a cidade antes dos cinquenta anos); assim, todo adepto convicto dessa concepção teria sido levado a recusar *um* dos termos do ser, o individual, persuadido – paradoxalmente – de que não poderia obter senão dessa maneira, na cidade ideal, o ser da história.

Com a *todetite*, de que já tratamos, o homem esforçava-se para obter o individual, sem necessariamente o conseguir; com a *atodecia*, em contrapartida – do mesmo *tode ti* grego (esta coisa aqui) –, o homem o recusa deliberadamente. A *atodecia*, como a *ahorecia*, será uma doença da *lucidez*; no entanto, a lucidez é tanto mais presente quanto mais sua doença apela para a consciência, por mais degradada e rudimentar que esta seja. Essa, aliás, também é a razão por que a *atodecia* aparece nos povos, como nos indivíduos, na hora do crepúsculo (o que, historicamente, pode dar-se muito cedo); então ela assume a forma da erudição, a do culto e, por fim, a do comentário. Povos inteiros e simples indivíduos não foram por vezes senão o comentário de uma religião, de uma ética ou até de uma "ideia".

Em grande escala, que seria a vida sem seu comentário? E por outro lado – em certos povos, no passado, mas atualmente também –, que seria a vida social sem seu cerimonial? E no fundo, que seria a sociedade, em geral, sem o controle nem a supremacia de suas realidades individuais? Pois as coisas sempre acontecem sob o signo de *um conhecimento*, que pode ter em conta ou não o individual e até chegar, em sua vontade de conformidade consigo, a recusá-lo. *Atodecia*.

Mas o conhecimento de que estamos falando não aparece de início em sua clássica forma de cultura; manifesta-se primeiramente através do "sagrado" e do sentimento religioso. E é precisamente graças a esta relação que os anos de maturidade crepuscular dos povos e dos indivíduos podem fazer intervir muito cedo na história, a título de conhecimentos, crenças de todos os tipos, organizadas em práticas, quando ainda não institucionalizadas. Enquanto a maioria dos crentes se submete ao cerimonial, alguns homens, à frente deles, *têm o conhecimento*, ou creem verdadeiramente que o têm, ainda que, se era característico da *ahorecia* e sua recusa das determinações o asceta ou o extático, o que é característico da *atodecia*, em que só o individual é rejeitado, é o tipo do padre (o detentor de verdades). Até em nossa civilização, completamente profana, o homem de cultura exerce, ou deveria exercer, um sacerdócio, tal como se dava com a *atodecia* típica da China antiga (diferentemente da *ahorecia* típica da Índia), onde aquele que detinha a ciência do rito e do cerimonial iria conservar, ao longo dos séculos, um caráter sacerdotal.

Foi pois sob tal *atodecia*, em estado endêmico, que viveram todos os povos até que se afirmasse *a pessoa*, ou seja, o individual, na versão do herói (e talvez na do filósofo/sofista) da Grécia antiga e, mais tarde, na versão da pessoa cristã ou, por fim, da pessoa livre na cultura europeia moderna. A maioria das comunidades aceitou a história como a história das delimitações, a qual por meio destas dá a si mesma um sentido geral (ou, por vezes, simplesmente tribal). Num plano mais elevado, foi um sentido geral similar o que produziram, como dissemos antes, as grandes religiões. Pelo sacrifício seu individual, grupos humanos inteiros foram, com efeito, postos ao serviço de uma ideia religiosa, que eles enriqueceram de versões e matizes novos, em vez de antes aperfeiçoar seus próprios exemplares humanos. Assim, a ideia islâmica começou por se matizar através da diversidade do mundo árabe, passando depois para a versão dos povos otomanos. Por seu turno, porém, o cristianismo, ou a ideia da pessoa humana e sua salvação enquanto pessoa, estava presente, dava a si mesmo largas delimitações (Oriente grego e Ocidente latino), para depois se diversificar, pela ideia protestante, em grande quantidade de seitas, algumas das quais dotadas de real capacidade de afirmação histórica. Quanto à ideia budista, ela conseguiu na Ásia a adesão de algumas comunidades étnicas, para se definir e redefinir através delas. Por que se espantar de que alguns historiadores tenham interpretado o mundo do passado na perspectiva de algumas "ideias" (como o faz Spengler, o historiador atodécico por excelência, que já não vê o individual histórico, a não ser analogicamente, na escala de oito culturas maiores), se as próprias religiões do passado nos oferecem o espetáculo de um mundo onde o verdadeiro herói é o sentido geral?

E, a esse respeito, mais sutil ainda é a experiência que vivem, sob o mesmo signo da *atodecia*, as comunidades que alcançaram um nível superior de refinamento cultural. Talvez os mouros tenham estado, em dado momento, nesta situação. Num passado mais remoto, o Egito e a China *haviam estagnado* na exclusiva busca do refinamento e do matiz para um conteúdo de sentidos gerais já adquirido. Ainda hoje a mesma China, onde a ideia diretora tem um poder de decisão muito superior ao da pessoa, nos fornece um extraordinário exemplo de reconversão positiva da *atodecia*, sob cujo impacto estagnara por muito tempo. No fim do século XX, até a França, a mesma França que atravessara o positivo de algumas doenças espirituais, se dedicou, de modo exemplar, com espírito e inteligência, a polir e refinar as ideias europeias que ela própria fizera nascer ou, pelo menos, sintetizara, correndo assim (contrariamente à China, cuja *atodecia* é ativa) o risco de uma estagnação histórica, tal qual se dá em qualquer sociedade demasiadamente refinada; risco a que se soma, no caso da França, o do cosmopolitismo. Talvez, neste grande país ocidental, já tenha soado a hora rica do crepúsculo da história, quando todos os sentidos gerais se dão delimitações cada vez mais sutis, até a sua própria extinção. Se nos objetassem que na cultura francesa o individual não é rejeitado – como no mundo asiático – mas, ao contrário, afirmado, ainda que a todo transe, responderíamos que a exacerbação consciente do individual (isto é, a afirmação de cada qual com todas as suas liberdades, a ponto que toda afirmação se torna vaidade e cada qual palhaço de si mesmo: todos dão *"trois petits tours et puis s'en vont"*)[53] tem o mesmo valor que sua recusa consciente. Quando importa tanto, o indivíduo já não importa.

Poder-se-ia crer, pelo que acaba de ser dito, que a *atodecia* não aparece senão na escala da história como anulação do indivíduo em benefício da comunidade e do Estado. Definitivamente, qualquer Estado e qualquer multidão preferem a si mesmos aos indivíduos que os compõem, motivo por que

---

[53]Todos "dão três pequenas voltas e depois se vão". Em francês no original. (*N. do R.*)

são a *atodecia* mesma, ou seja, a recusa ao individual. (Donde o protesto ocidental, nos dias de hoje, de tantos jovens – e não tão jovens – contra a opressão, amiúde disfarçada, exercida pelas formas estatais, e também a profunda ideia marxista do desaparecimento final do Estado.)

Não obstante, a *atodecia* não aparece unicamente no supraindividual das comunidades históricas, mas também no próprio indivíduo. É verdade que esta doença espiritual, que recusa precisamente o individual, poderia ser, comparada às demais, uma doença exclusivamente dos povos, mas é certo que, sendo uma doença constitucional do homem (quer dizer, enquanto precariedade de seu ser), ela deve necessariamente acometer também o homem como ser individual.

É verdade que, no indivíduo, ela aparece sobretudo no plano da cultura, enquanto doença que resulta principalmente do conhecimento (e de seus possíveis excessos). Pois pelo fato mesmo de ela favorecer o conhecimento – que em suas grandes linhas é, como há que se admitir com Aristóteles, o do geral – a cultura acaba por ser uma familiarização com este último, a ponto que ela pode levar não somente ao esquecimento provisório do individual e à necessidade de o reencontrar, como na *todetite*, mas também, muito amiúde, a seu abandono deliberado, pela ideia de que só o geral e os matizes que se lhe acrescem podem interessar ao conhecimento e até mesmo à realidade. A cultura leva a "um sentimento musical da existência", como por vezes se afirmou, e a um estado de suspensão, ele próprio quase musical (das "musas", ao fim e ao cabo, as divindades de toda a cultura), fazendo-nos planar acima de toda realidade individual.

Assim como a *acatolia* será uma doença da civilização, a *atodecia*, que agora descrevemos, é a doença da cultura. Se na sociedade ela assume aspectos opressivos e até tirânicos, no homem, e particularmente no homem de cultura, é, sem dúvida, a mais bela e, de longe, a mais criadora dentre as doenças do espírito, provando-nos assim – como se ainda fosse necessário – que o que somos obrigados a chamar de "doença" significa, na ordem do espírito, sua verdadeira fonte de vida. Poucos sentidos do homem podem ser mais nobres que seu trato com o geral, e, ao passo que nas outras doenças o geral intervinha indiretamente, agora ele é conhecido e contemplado em seu próprio benefício, cultivado com um amor que se interessará doravante pelas menores coisas que lhe podem suceder, pois em seu puro devir também ele tem suas desventuras. E para que nos apercebamos disso, basta evitar resolutamente o contato com o individual.

Certamente, o conhecimento pode voltar-se para a vida (particularmente pela técnica, na cultura europeia, e pela sabedoria humana, na oriental), mas sua verdadeira alegria reside em permanecer suspenso. É, antes de tudo, um amor puro – ao término da viagem, um *"amor dei intelectualis"*, como queria Spinoza –, que pode assumir as formas mais humildes, sem por isso cessar de nos subjugar, em nome do geral. Vale a pena viver a vida, ainda que seja apenas para ver como Goethe a viveu, disse um de seus biógrafos ingleses, o que significa que vale a pena a pessoa recusar *seu próprio* individual, sob a magia do geral de outrem. Vale a pena viver para observar as delimitações, os matizes, as vicissitudes dos sentidos gerais, quer se trate de uma natureza arquetípica (*"On dit Goethe comme on dit Orphée"*,[54] dizia Valéry) ou das grandes instâncias da cultura: a sociedade, o pensamento, a natureza transfigurada e os deuses.

Quanto à própria verdade, em que se tornou na cultura? Ela já não é aquela verdade que se volta para o individual, mas

---

[54]"Diz-se Goethe como se diz Orfeu." Em francês no original. (*N. do R.*)

– como se vê na cultura dos mais refinados – uma verdade que quer ser cultivada em si. Mas uma verdade cultivada em si cessa, por isso mesmo, de ser término da viagem e certeza conquistada. O que nos encanta na cultura são precisamente suas transformações. A declaração de Lessing de que, entre a verdade e sua busca, ele ficaria com a segunda parece-nos hoje de uma rigidez condenável (*ou* a busca *ou* a verdade) e até algo ridícula em sua solenidade. Não está em jogo aqui a busca *e* a verdade, pois é a própria verdade que busca a si mesma, sempre mais longe, e se define e determina a todo instante, sempre um pouco melhor, assimilando as verdades antigas, que ela subordina continuamente. Chegamos, neste momento de cultura superior que vivemos, a uma espécie de educação das verdades (no sentido em que se falou de educação da natureza). O universo dos sentidos gerais, que parecia feito de verdades estáveis, transformou-se, para a razão do homem contemporâneo, num fascinante mundo ideal, de laboratório, onde o homem de ciência não só se regozija com a exceção que confirma a regra mas deseja até que ela a *infirme*, esperando sempre um novo desmentido de suas leis, para as poder alargar. Um simples inseto que aparecesse numa nave espacial seria uma inesgotável fonte de enriquecimento das leis da vida conhecidas. Mas o próprio inseto, com sua pobre realidade individual, não interessaria muito.

À semelhança do homem que matiza e revisa suas verdades, a realidade pode ser considerada capaz de fazer intervir regularidades, ordens, leis que se especificam continuamente; mas, especificando-se, adaptam e modificam, ou pelo menos se matizam e redefinem. A evolução das espécies, por exemplo, faz-se por sua educação e transformação, ou seja, mediante as delimitações do geral em novas modalidades, que interessam em si mesmas e não pelos exemplares individuais que delas poderiam resultar. Com ou para além de Darwin, a teoria da evolução oferece à razão uma oportunidade de deleite puro, dado que não só as situações de vida podem ser infinitas mas as espécies (libertas da fixidez inicial que as queria dadas como tais pelo Criador) tampouco estão condenadas a nenhuma fixidez final, evoluindo sempre, em número que pode ser praticamente infinito. A cultura redunda na boa preeminência do possível sobre o real, permitindo à razão ver – e não somente pressupor, como fazia Leibniz em sua teoria dos mundos possíveis – a riqueza que o real encerra. A diferença entre o possível e a possibilidade, entre os possíveis e as possibilidades ressalta aqui claramente. Pois, de fato, as possibilidades não pertencem senão ao individual, que já não tem importância; em primeiro plano estão agora *os possíveis* do geral.

Muitas coisas podem suceder aos próprios seres gerais, ainda que estes pareçam imutáveis aos olhos do comum dos mortais, por certo período ao menos. O conhecimento nem sempre visa sujeitar tudo à lei; ele pode ser também uma identificação das vicissitudes desta ou de sua confirmação, até a situação-limite de que falava Hegel, ao dizer que uma natureza geral (o divino, em seu exemplo) não se revela verdadeira senão quando pode ser confirmada por tudo o que a teria podido desmentir (encarnada, por exemplo – dizia ele –, num homem histórico, no momento mais miserável da história de seu povo).

É fácil fazer notar agora que tal deleite espiritual, implicando a renúncia atodécica ao individual e o interesse exclusivo pelas vicissitudes do geral, encontra o mais favorável terreno numa consciência filosófica. Citamos o caso de Spinoza, com sua substância única, à margem da qual não há lugar senão para um amor intelectual, mas podemos encontrar ilustração ainda mais sugestiva de nosso propósito no caso de Kant. Ahorécico na vida, ou seja, desprovido de determinações, Kant é atodécico na filosofia, no nível mais alto e criador.

Diferentemente de um Hegel, que não cessará de captar o individual histórico, Kant recusa todo recurso a realidades individuais (até mesmo a exemplos, como se observou), não apelando senão para o geral e suas determinações no seio do real. Com suas *Críticas*, ele oferece um sistema filosófico em que se acentuam precisamente os *fenômenos*, isto é, as determinações, tanto do mundo exterior como do homem. Dá início, assim, a uma das mais brilhantes modalidades da arte de filosofar – que vai a contrapelo da banal redução ao geral, tão cara ao senso comum filosófico –, por meio da qual o geral é o único a se dar determinações e a se delimitar.

Com efeito, o individual reduz-se, com o criticismo, à matéria e à diversidade que a coisa em si oferece: desconhecível e, portanto, resolutamente rejeitada. Todavia, o geral de que parte o criticismo já não é, como em Spinoza, uma substância única e opressiva, mas *a ordem* geral, tão evocadora, das formas aprioristicas. Com apenas catorze formas, duas da sensibilidade (o tempo e o espaço) e doze do intelecto, as categorias, Kant reencontra, descreve e até justifica toda a fenomenalidade do mundo. É um admirável código genético o que nos propõe agora o pensamento, destinado a dar conta, de maneira sistemática, de todos os modos de determinar, físicos e humanos, ou, segundo as muito conhecidas e muito malcompreendidas palavras de Kant, os modos de determinar "o céu estrelado acima de nossa cabeça e a lei moral no fundo dos corações". Com o geral que dá a si mesmo determinações infalíveis, Kant forneceu, por muito tempo, o estilo mesmo da filosofia, e o fato de que, apesar de tudo, sua doutrina tenha tornado possível um Hegel, para que este permitisse, por seu turno, o surgimento da dialética materialista, é em si mesmo revelador.

Mas, ao fim e ao cabo, a Kant faltou igualmente o individual. A oposição de Kierkegaard a Hegel acerca do tema da ausência ou da deformação do individual deveria antes destinar-se a Kant, cuja *atodecia* é incontestável. Quem quer que se sinta fascinado, ainda que apenas um momento, por Kant acaba por perceber que ele não tem acesso ao real concreto, particularmente a realidade humana (taxou-se-lhe a doutrina de "formalismo ético"), nem à história do homem. O próprio filósofo sentira que até mesmo o real físico lhe escapava e tentou em vão, ao longo das páginas do *Opus postumum* – cuja edição já está completa, conquanto ninguém a leia –, realizar a transição do geral e dos princípios para o real. Após dominar por décadas o pensamento, e após ter voltado à cena filosófica em seguida ao interlúdio hegeliano dos anos 1830-1860, o criticismo foi abandonado, no início do século XX, em nome, por um lado, de um real físico mais individualizado (espaços geométricos *diversos* do espaço euclidiano, uma física diversa da física de Newton – uma física de campos individuais, em sentido largo) e, por outro, de um individualismo que foi dominante, para não dizer despótico, durante toda a segunda metade do século XIX, prolongando-se-lhe a influência até 1914. A ausência (ou a recusa deliberada) do individual no criticismo foi uma das razões que permitiram reatualizar Goethe na filosofia da cultura e, em seguida, o empirismo, acerca do qual, porém, Kant afinal teve razão; outrossim, mais tarde, essa ausência levou, na pátria do empirismo, à filosofia analítica anglo-saxônica, fundada num nominalismo que o pensamento filosófico autêntico sempre repudiou.

Vê-se, através do exemplo de Kant, quão característico é a *atodecia* levar o pensamento a desenvolvimentos *críticos* e dissociativos, diferentemente da *ahorecia*, que leva a um pensamento extático e ao mesmo tempo de tipo matemático, como já mostramos. O pensamento que recusa o individual já não tem de procurar a lei (Kant, diferentemente de um Bacon, de um Descartes ou de um Leibniz, não sonha com novas ciências nem as propõe a si mesmo); tem apenas de descobrir sua *aplicação*, no conhecimento da natureza e do homem. Em certo sentido, o conhecimento prevalece agora sobre a realização (sendo o marxismo o único que preservou o primado da realização), com a restrição de que o conhecimento de que se trata agora já não é do tipo dos que encontram as leis da natureza, mas dos que as instituem ou, pelo menos, dão sua colaboração crítica à instituição delas. Trata-se, em todo caso, de conhecimento pertencente à maturidade crepuscular – como dizia Hegel, a filosofia, à semelhança do pássaro de Minerva, não alça voo senão na hora do crepúsculo –, uma maturidade que pareceria, pois, caracterizar o espírito filosófico, mas que se reencontra, como veremos, numa escala humana muito mais ampla.

De fato, até espíritos estranhos à filosofia e inteiramente voltados para o concreto ou o individual, como Goethe, ou espíritos mergulhados na devoção cristã, como Santo Agostinho, podem ser acometidos, em dado momento da existência, da *atodecia* da maturidade crepuscular. A esta altura da vida, o homem deixa de querer ser um criador; o geral já não o convida a realizar, mas a conhecer desinteressadamente. Ele agora tenta descobrir todos os matizes e todas as limitações possíveis do geral, como Santo Agostinho, que matizava e aprofundava sua mensagem cristã, redefinindo-a até as estranhas *Retractaciones* finais, em que o autor cristão revê e corrige, no fim da vida e em nome dos dogmas cristãos estabelecidos pela Igreja, sua própria doutrina, ou seja, corrige a si próprio em nome do geral e, em certo sentido, sufoca seu próprio individual. Há uma idade para a cultura, e os grandes espíritos chegam por vezes a vivê-la, como se deu com Goethe: ele viveu-a modestamente no início, por volta dos cinquenta anos, quando aprendia com o farmacêutico Bucholz, de sua pequena Weimar natal, o que lhe faltava saber das ciências da natureza para poder em seguida propor sua renovação (mediante, por exemplo, o tema do "fenômeno originário", que não era senão uma generalidade, uma "ideia" como lhe dizia Schiller), e muito depois, quando preferirá dar conferências científicas às damas da Corte a ser, de novo, o primeiro-ministro do ducado. Pois como persistir em querer o ato puro e simples, nos anos da lucidez, quando já se viram todas as deformidades do mundo e todas as distorções do eu? Os sentidos gerais não edificaram segundo sua promessa, nem em nós nem, em torno de nós, no que teríamos gostado de fazer felizes. Eles guardaram, em contrapartida, toda a riqueza do possível. Não se pode viver verdadeiramente sem o comentário da vida e da realidade. E se é verdade que quando chegamos à força da idade os fatos nos interessam muito mais que as ideias propriamente ditas, como o desejava Schiller, o idealista, para Goethe isso só se dá – talvez – porque nessa hora de lucidez somos capazes de ver nos fatos brutos *muitas teorias*, pois vemos em cada um deles uma nova modulação do geral.

Na época da boa *atodecia* cultural, já não são os substantivos e os verbos que nos ocupam, e sim os advérbios. Pode-se afirmar – e chegaremos a isso, no que se segue – que o que interessava ao classicismo francês, no século XVII, não eram tanto o assunto, a ação ou os heróis da tragédia, mas sobretudo sua modalidade ou, em outros termos, o advérbio. O comportamento ímpar, de nobreza heroica e de grande riqueza psicológica, interessava então infinitamente mais que os heróis e suas ações, emprestados, sem-cerimônia, da tragédia e dos mitos antigos. (E até em nossos dias: se em certo momento um Giraudoux pôde parecer-nos tão sedutor, foi simplesmente por ter comentado, de maneira sutil, os temas antigos.) O comentário está agora em primeiro plano, e a maturidade consiste em modelar com sábia sutileza uma criação tomada de empréstimo e não em criar novos mitos.

Chegado à idade da maturidade (algo cansada), todo criador, qualquer que seja seu domínio, necessita fazer justiça ao geral, a que se deu e consagrou, purificando-o de seu contato com o individual. Este último pode até ser esquecido completamente, como sucede no gênero *literário* (ainda não atestado em teoria, mas reconhecido nos fatos) que somos tentados a qualificar, apoiando-nos no que se segue, de "musical". Nele o geral está presente na forma de ideia, de estado afetivo ou de visão intelectual, enquanto suas determinações, delimitações e matizes são inteiramente livres. Criar segundo esta hipóstase significa explorar todas as facetas de um sentido geral, com a possibilidade de variar o mesmo tema ao infinito. (É possível, porém, que a situação fosse diferente na tragédia antiga, em que, apesar do número limitado de temas, algo de criador e, em todo caso, um sentido de atualidade, a participação direta dos espectadores nas situações encenadas no palco, as quais eles conheciam perfeitamente, preservavam o ato de cultura da pureza formal alexandrina que o macula hoje em dia.) Donde não só a música mas também a literatura e até a pintura poderem instalar-se na precariedade das determinações de um sentido geral; quanto à criação filosófica, ela reduz-se verdadeiramente, e na maior parte dos casos, ao desenvolvimento organizado, se possível, das determinações de uma ideia geral – como sucede, se não em todas as formas do *barroco*, ao menos em sua forma clássica, em que comumente nenhuma realidade individual o vem fixar.

Foi com Tolstoi que ilustramos o aspecto extremo da *atodecia* em matéria de literatura: a recusa total do herói e do individual. Na verdade, fomos obrigados por fim a invocar *suas teorias* e sua *atodecia* de princípio (o ato de lucidez que o faz reduzir um Napoleão a um simples "diferencial" e não as situações reais de *Guerra e paz*, onde, porém, algumas personagens, principais ou secundárias, conseguem adquirir realidade individual graças ao gênio artístico do autor, que no entanto quisera nivelar todas. Mas a melhor ilustração da *atodecia* não virá de um autor isolado, e muito menos de um autor que desmente, por seu gênio, sua mensagem teórica: há, com efeito, toda uma orientação cultural que, no refinamento de certo modo estéril de sua maturidade, acentua o advérbio e a modalidade, permitindo, assim, uma sedutora e infinita modulação do geral através de suas determinações. Pois essas mesmas determinações, que podiam conduzir, quando pertenciam à esfera do individual, ao mau infinito (manifestação atrás de manifestação), redundam num bom infinito, controlado, quando são manifestações do geral. São as múltiplas facetas deste último, sua politropia, que elas vêm agora exprimir; e assim como jamais nos cansamos de contemplar a beleza em múltiplas versões, assim pode surgir, em qualquer parte do mundo dos valores e da cultura, isto é, no coração das manifestações do espírito, o bom infinito, pois que o espírito pode acrescentar-se a si mesmo indefinidamente, permitindo, diferentemente das realidades dos domínios inferiores, acumulações infinitas. Não há possibilidade de excesso no verdadeiro, no belo ou no bem.

Na mesma problemática da cultura superior e da livre variação, mas sob o controle infalível do geral (conhecido aqui, ignorado acolá, como sucede no domínio da vida social), vem igualmente inscrever-se não só a questão da necessidade, que é talvez profundamente ligada ao geral, mas também a da *liberdade*, que parece, sem na verdade o ser, ligada ao individual. Tem-se o hábito de compreender mal a necessidade, por causa das oposições rígidas em que a situam. (Como sempre, os dualismos, necessários de um ponto de vista pedagógico, falseiam a vida do espírito, a qual, na verdade, jamais permanece coagulada em oposições ou dualismos.) A necessidade foi oposta ao possível e, com mais constância ainda, ao contingente, mas também, em certo sentido, à realidade (simples existência de fato, não de direito, como o autorizaria a necessidade) e, em todo caso, à impossibilidade. Nada porém poderia demonstrar melhor a precariedade de seu estatuto do que a impossibilidade de defini-la por um de seus contraditores. Na verdade, nenhuma das oposições mencionadas tem caráter propriamente contraditório (pois a necessidade, como já se disse, engloba a possibilidade e assim sucessivamente); em contrapartida, outra modalidade, que não figura comumente no quadro lógico das modalidades, terá em face dela sentido verdadeiramente contraditório, sem que sua oposição seja rígida: a liberdade.

Geralmente, não se fala da liberdade como modalidade "lógica" (são mencionadas como tal apenas a necessidade, a possibilidade, a contingência e a realidade), pelo simples motivo de que o termo liberdade parece ter sido inteiramente açambarcado por seu sentido de valor humano. Em certo sentido, contudo, há, ao lado da liberdade humana, também uma liberdade das coisas: há nas coisas, com efeito, graus de liberdade – como já se disse, ainda que timidamente –, e há um limite ao exercício dos sentidos gerais, limite que só a liberdade pode determinar. Pois, há que dizê-lo, a liberdade não pertence ao individual, nem sequer às determinações enquanto tais. A pretendida liberdade do indivíduo de se dar quaisquer determinações não representa a verdadeira liberdade, e não é mais que pura possibilidade; quanto à liberdade das determinações de não se subordinar a um geral (o que se chama, no plural, "as liberdades"), merece ainda menos o nome de liberdade, e não é mais que o caos da pura diversidade. A liberdade pertence ao geral e consiste nas delimitações que ele se pode dar ou atribuir. Só quando nos instalamos no geral é que somos ou podemos ser livres.

O fato de que a liberdade pertença ao geral pode agora reconduzir-nos ao homem. Desde Hegel se diz, com justeza, que o homem não obtém sua liberdade senão como "necessidade compreendida". Mas que é que isto quererá dizer, senão que o homem se torna verdadeiramente livre apenas quando conhece seu sentido geral – e não enquanto indivíduo, quando exerce determinações de maneira anárquica? E, por outro lado, que significa ser livre *sob* a necessidade, sob a lei e não fora dela, senão que a própria lei pode ser modelada e que o geral não representa algo de rígido ou, em todo caso, de inamoldável, de monolítico, de fixador, como na modalidade clássica da necessidade, sendo suscetível, isto sim, de ser modelado e dotado de determinações várias?

A liberdade significa a inflexão do geral, e no homem ela é *a consciência* de sua inflexão, quando esta é alcançada. A necessidade comum fazia do geral um selo aposto nas determinações, e tal selo podia, logicamente, ser transferido de uma determinação para outra (como no silogismo da modalidade em que a necessidade passa da premissa à conclusão, nos exemplos de Aristóteles). Mas, em contrapartida, e ainda do ponto de vista lógico, constata-se que a liberdade constitui um *campo* de determinações; e é possível que apenas uma teoria dos campos lógicos, em lugar das habituais teorias das formas lógicas que têm curso pelo menos na lógica clássica, seja capaz de fazer intervir a modalidade da liberdade – que os lógicos não tiveram, até hoje, necessidade de invocar, dado que seu geral estava coagulado, como nas espécies de Linné.

Desse modo, porém, a liberdade não se dá sem certos riscos, provavelmente para a própria natureza, e em todo caso para o homem. As delimitações do geral podem chocar-se entre si; a liberdade de uma consciência pode entrar em conflito com a liberdade de outra, e a cultura em questão, enquanto teatro das liberdades que conservam a segurança do geral mas já não têm a de sua fixação numa situação individual, pode agora tornar-se teatro em sentido próprio, espetáculo e debate. O irmão do filho pródigo sabe que faz o que deve ser feito em nome do geral (o espírito de família) que ele respeitou e no interior do qual se deu todos os tipos de liberdades verdadeiras, não liberdades ilusórias como o filho pródigo. Mas seu pai toma a liberdade de dar outra interpretação a este mesmo geral, interpretação que permite o perdão ao filho, em vez de sua punição, e até a comemoração de sua volta com o sacrifício do bezerro gordo. Então, o irmão se retira e coagula, enganado por sua própria lei na interpretação que lhe dá o pai. Mas é possível que agora, de volta à casa e após reinstalar-se na ordem da lei, o filho pródigo seja enfim capaz de se dar uma forma superior de liberdade. E quem sabe se um dia ele não se tornará artista, poeta ou pelo menos memorialista, cheio de graça e inteligência, invocando e compreendendo – melhor que o irmão, cuja experiência de vida foi sumária – aquela lei, a que doravante poderá dar delimitações e matizes inesperados? É possível pois que só o filho pródigo, após o retorno, se torne contemplador e comentador, inflamado por uma boa *atodecia*.

Imaginemos que se torne biólogo e em determinado momento esboce – como Jacques Monod, em nossos dias – uma espécie de filosofia da biologia. Ele não escreveria um trabalho como *O acaso e a necessidade*, pois conhece muitos acasos e muitas necessidades, bem como muitas facetas de um mesmo geral. E, falando da Vida, não esquecerá que também a Vida com maiúscula se delimita constantemente e não é mero acaso transformado em necessidade, como afirmava nosso contemporâneo. Definitivamente, para além da passagem de uma espécie a outra, no quadro de sua evolução, pode-se imaginar, se não observar, o modo como uma mesma espécie se modula e se dá variações em torno de um mesmo tema. Ainda que as diferentes variantes de uma espécie pareçam encontrar explicações satisfatórias nas condições *externas* a que a espécie foi submetida, pode-se, por certo, imaginar uma margem de variação do próprio geral biológico, a qual seja a expressão de sua tensão *interna* e de seu grau de liberdade, ainda que ele não faça explodir seu próprio molde a fim de passar para outro geral. Mas porque se ultrapassou a fixidez das espécies, é natural que também se ultrapasse a fixidez *da* espécie. Imaginemos, neste sentido, que se pudesse estudar a natureza (como aliás já se fez) a partir de unidades mais amplas que os exemplares individuais – "ecológicas", tem-se o hábito de dizer nos dias de hoje – e que já não fossem necessariamente as espécies dadas, mas as espécies moduladas, no sentido ecológico ou noutro.

Desta vez, em contrapartida, seria precisamente o individual que faltaria (não o geral, ou seja, a Vida, como em Monod e noutros) e que seria, assim, deixado nas mãos do acaso. E é claro que o acaso já não exprimiria, como em nosso primeiro caso, um banal concurso de circunstâncias externas reunidas com sucesso, e que ele, antes, trairia a aptidão interna do geral para dar a si mesmo as variações que se podem impor no seio da realidade. Tal acaso "interior" teria uma autêntica abertura para a individualização. Em todo caso, não se pode chamar acaso (respectivamente necessidade) apenas o concurso de circunstâncias, como o quereria o pensamento trivial: também há acaso no *concurso de tendências* dos processos e da intimidade das coisas.

Não obstante, se o filho pródigo, de volta à casa e após ter recobrado a ordem do geral, não se dedicasse à filosofia da biologia nem à filosofia das ciências em geral, mas à filosofia *tout court*, ou à cultura humanista com horizonte filosófico, ou até à arte, com a condição de que fosse uma arte consciente e carregada de reflexão como é a dos dias de hoje, ele então se perderia nas modulações e vicissitudes do geral, até a recusa atodécica de todo individual. Deixado sozinho e contemplado em seu isolamento, com toda a distância que haveria doravante entre ele e o real, o geral poderia rarefazer-se cada vez mais e tornar-se verdadeiramente "abstrato", permitindo que certa arte tivesse coragem de chamar também a si mesma abstrata. Nesse momento, no refinamento do pensamento cultivado, o geral perde toda capacidade modeladora, tendo, doravante, com as realidades que governa, já não a relação viva da lei íntima à sua encarnação (como na Ideia platônica generosamente compreendida), mas a relação da lei externa a seu exemplar individual, exemplar perfeitamente reproduzível e indiferente enquanto tal, como na matemática. O individual recairia nas estatísticas.

Sem dúvida, tal desconhecimento voluntário do individual, vindo da cultura e da lucidez, pode levar a uma nova forma de nada (pois o nada, enquanto sentimento da nulidade, também é, de muitas maneiras – seis, diremos nós –, como eram já os acasos e as necessidades). Tratar-se-ia agora de um nada do conhecimento e da cultura, e, por conseguinte, de um nada que seria verdadeiramente próprio do homem. É possível que também as coisas tivessem o poder sutil de dar a seus estados gerais certos matizes e certas delimitações que nada viria objetivar, simples disposições, intenções ou sugestões de realização que logo se esvairiam no éter. Mas é indubitável que o homem possui essa sutileza e que ela o conduziu à cultura. O homem partiu da necessidade de conhecimento, por um lado, e da necessidade de contemplação, por outro, ambas fecundas quando se voltam para o real e enriquecem o ser do homem, assegurando-lhe uma melhor posição no mundo. Uma boa prevalência do possível sobre o real faz-se então luz no mundo do homem, enriquecendo-o de todos os seus recursos de possível do *real*; as coisas entram na ordem de sua generalidade, encontrando a partir de então seus isótopos e suas variantes naturais. Mas por vezes, em lugar do possível do real, se introduz o possível nu e cru ou, pior ainda, o "possível impossível" dos escolásticos, o que está condenado a permanecer possibilidade e a jamais se tornar sob forma alguma, realidade. Com efeito, *todas* as delimitações do geral, incluindo as que acabamos de mencionar, são um convite ao conhecimento e à contemplação; elas podem induzir ambos a *ignorar* a exigência do individual (a realidade humana, em nosso caso), o qual quer ser fixado numa situação real, ou, pelo menos, que sejam objetivadas por meios artísticos as extraordinárias aventuras do geral. O cansaço diante da cultura, esse *taedium* que os antigos já haviam apreendido, já não basta, nesta circunstância, para explicar a experiência amarga do homem de cultura, que se vê verdadeiramente confrontado, no demonismo das determinações e das delimitações sem ancoragem no individual, com *o nada da cultura* – e é assim que o sentem hoje alguns ocidentais. Um nada branco, diriam; não negro, mas branco. Um nada que não deixaria de lembrar a deslumbrante descrição do branco e do terror que ele inspira no romance *Moby Dick*, de Melville, com a baleia branca ou com "o imenso sudário branco, que envolve todas as coisas". E o autor acrescenta: "Sê-lo-ia porque o branco é menos uma cor que uma ausência de cor, conquanto seja – em profundidade – a mistura de todas?"

É possível que cada doença do espírito tenha sua própria cor característica. Em todo caso, a *atodecia* tem o branco. Nossa cultura tornou-se como uma página em branco. Quando pensamos em todas as leis que descobrimos e em sua riqueza, até então inesperada (quem teria acreditado que conheceríamos os recônditos do universo ou, ainda, nossos próprios abismos, com o inconsciente e o subconsciente?), é possível que nos venha ao espírito que nossos conhecimentos já se assemelham a outro disco de Newton, composto de cores incomensuravelmente mais numerosas que as sete tradicionais. E no entanto basta que o façamos girar para obter um sentido do inteiro, para que nos suceda a mesma coisa que com o disco original: tudo se torna novamente branco.

Na perspectiva do passado, o que se passa hoje poderia parecer catastrófico: quanto mais exploramos e descobrimos, mais o volume de nossa ignorância cresce, em vez de diminuir. Que ganhamos em matéria de conhecimento e ação? Nada senão estarem abertos para nós novos horizontes de conhecimento e de ação. Por conseguinte, um céptico sentir-se-ia confirmado por tudo o que nos sucede com o átomo, com a célula, com a vida, com o homem da antropologia ou da psicologia, com as línguas, com o espírito, com a história. Mas agora ninguém o iria combater.

Parece-nos evidente, ao contrário, que todas as complicações surgidas em nosso conhecimento e até em nossa ação nos são em grande parte benéficas; que esperamos criar para nós mesmos novas complicações e novos impasses, portadores de outras perspectivas no conhecimento, tal como a física e a técnica dos dias de hoje, imersas no conhecimento e na manipulação do átomo, esperam no entanto conseguir explorar os neutrinos, partículas mais leves e, talvez, mais esclarecedoras para tudo mais que os elétrons. E quem ainda poderia encontrar hoje um convite ao cepticismo em todo o inexplicável da célula, com seus cerca de cem mil componentes e seus ácidos nucléicos – ou no inexplicável do ser humano, que mais que nunca parece enigmático para si mesmo? Pois, é verdade, a cultura científica, por um lado, as ciências humanas, por outro, *não cumpriram* sua promessa de dar respostas definitivas. Mas realizaram algo muito mais importante: mostraram a vaidade e a insignificância de *tal inventário de respostas definitivas*.

Há algo de negativo ou de positivo no resultado a que levou, sob o abrigo da cultura, a *atodecia* do homem moderno?

Positivo é o fato de que, livrando-se de sua responsabilidade para com o individual (livrando-se, no passado, do político, da aplicação, da responsabilidade imediata e até do dever de modelar o homem), a cultura abriu extraordinárias possibilidades de investigação, que indiretamente permitiram surpreendentes e amiúde involuntários retornos ao real. Negativo, em contrapartida – sem levar em conta os riscos que representam para o homem, para a sociedade e até para a Terra esses inesperados retornos ao real –, é o fato de a acumulação de conhecimentos, ainda que infrutífera, não ter sido seguida por uma acumulação *do sentido*. Grandes orientações gerais, ideias e até mesmo técnicas espirituais podem por vezes surgir na cultura e dar a si mesmas, em sua generalidade, todas as sortes de determinações, modular-se e refinar-se sem cessar, e no entanto nada dizer ou dar lugar ao nada dizer. Pelo conhecimento, pela mestria científica ou artística, o homem pode alcançar, delimitar e até tornar mais sutis suas determinações no seio da cultura, sem, contudo, tirá-las do vago de sua generalidade. Ainda que os sentidos gerais benéficos estivessem presentes e sua adaptação ao real fosse preparada por todas as pedagogias do mundo, a cultura poderia muito bem permanecer suspensa acima das consciências individuais – como aliás mui comumente sucede –, que a retomam tal qual, de geração em geração, terra inalterada prometida a incerta colheita. E na verdade, quando se trata do controle da animalidade no homem e de seu bom posicionamento metafísico no mundo, passando por sua educação moral e por sua abertura para um eu mais amplo – *quanto* de tudo isso a cultura trouxe verdadeiramente ao homem, ela que, no entanto, se tornou para ele a irmã mais velha da natureza?

Após apenas alguns séculos de primazia da cultura e de suas técnicas sobre o homem natural, bem como sobre a sociedade natural (no coração da qual um simples sistema de crenças funcionava como núcleo regulador, como se deu até o limiar da modernidade), o balanço poderia preocupar, caso não provocasse de fato o sentimento trágico da cultura. Se, porém, esta reflexão tem algo de demasiado teórico ou de demasiado sumário, destaquemos o exemplo sutil e mais evidente da *música* na cultura moderna, uma arte que, apesar de sua simplicidade, educara plenamente os antigos e que todavia, com toda a sua riqueza polifônica e com seu refinamento atual, não conseguiu impedir que o mesmo povo que mais e melhor a cultivara recaísse em terrível estado de natureza. Ao menos no exemplo da música, a tragédia dos sentidos gerais, por mais variados que sejam – a de poderem permanecer suspensos, pairar como o espírito sobre as águas e ser percebidos assim, em sua nobre vaidade, por um ser cultivado –, dá ao homem de hoje preciosa advertência acerca do que lhe é benéfico e do que lhe poderia ser maléfico na doença espiritual da *atodecia*.

COMENTANDO A MÚSICA dos salmos, um escolástico dizia: "O Todo-Poderoso não gosta da música em si mesma. Ele não tem que fazer com o canto, como não tem que fazer com os sacrifícios; se aceita o canto [...] é por piedade pela fraqueza do homem" (*in* Combarieu, t. I, p. 196).

Seria bom que os músicos e os amantes da música refletissem às vezes em palavras como estas – para além de sua significação religiosa – e que se perguntassem se a música moderna não deixa transparecer por algum lado os traços de uma fraqueza humana. A extraordinária mestria que a música alcançou e toda a sua magia não podem, em verdade, dissimular certa precariedade; mais: elas trazem-na a lume de maneira ainda mais perturbadora. Arte do belo em movimento – como se disse –, ao lado da poesia e da dança, enquanto a arquitetura e as belas-artes seriam artes do belo imóvel, a música faz surgir diante de nós esplendores que ela em seguida remergulha no invisível e no inexprimível. Ela nem sequer pode, como a poesia, expressar o sentido em palavras, para que ele possa ser guardado como tal nos espíritos. Fornece-nos uma nobre generalidade, que porém não é senão estado d'alma e não estado de espírito; e após a modular ao infinito, retrai-se na irrealização da generalidade mesma, sem poder ancorar em parte alguma. Falta-lhe, irremediavelmente, a cristalização em torno de um individual. Ela é uma esplêndida encarnação da precariedade ontológica característica da cultura e do refinamento humano. Dispõe de um geral, dispõe das inefáveis determinações deste, mas não tem individual.

Em um passado muito remoto, a música tinha, a despeito da precariedade de seus meios, maior incidência na realidade. Enquanto não era senão melodia e monodia, ela curava os homens, erguia muralhas (ou simplesmente fazia os construtores crer que edificava com eles), domava os animais selvagens, as almas e até os deuses. Desde que se tornou polifônica, ela voltou-se para si mesma, deu a si própria estruturas e construções extraordinárias, mas nunca mais abalou ninguém. Até mesmo a nossa música, "que tem por origem uma genial criação da Idade Média, o contraponto" (Combarieu, p. 259), com que não mais soube fazer simples construções ornamentais ou "arquiteturas sonoras", como no início, transformando-as porém em verdadeiro discurso musical, até mesmo ela não é de todo estranha aos sermões sem objeto que São Francisco dirigia aos animais. Ela comunica algo, mas não se sabe o quê; parece modelar as almas, mas não se sabe como nem se beneficamente; conquanto continue a acompanhar a dança – e até mais recentemente, a dança de imagens que é o cinema –, é rebelde a todo sentido funcional e auxiliar, afirmando sua absoluta independência, por uma gratuidade aristocrática e por um rigor perfeito, isso quando não se compraz em tornar-se propriamente iniciática. E até mesmo sob esse aspecto ela ainda é aceitável para todos os ouvintes, porque lhes encoraja a total ausência de responsabilidade espiritual e lhes lisonjeia o espírito crítico elementar, no nível mais baixo do julgamento e do discernimento, o do: gosto/não gosto.

Já se disse, surpreendentemente, que só a forma vulgar de música moderna, o jazz – como emanação, aliás, de uma alma primitiva –, reencontra o sentido pleno da música. Com o jazz, todavia, estamos no mais baixo da escala. Na outra extremidade, talvez, onde tende hoje a ultrapassar os sons e as notas, tomando como material sonoro, com a música concreta, os ruídos reais ou, com a música eletrônica, os ruídos e sons fabricados, a música poderia igualmente reencontrar a si mesma, dado que o ouvinte dos ruídos e sons deste vasto mundo poderia chegar um dia a algo da ordem da harmonia das esferas de que falava Pitágoras. Ou, então, para nos atermos ao verossímil, se conseguisse um dia passar do registro das ondas sonoras ao das ondas eletromagnéticas, a música ou sua extensão científica poderia dominar a comunicação dos homens entre si e com os objetos cósmicos, poderia de novo realmente controlar, orientar e modelar, agora em nível superior, transformando em realidade a ação mágica de que ela se prevalecia ilusoriamente em seus inícios. É possível que se passe com a música o que se passou com a lógica matemática: esta criou no vazio, até encontrar aplicação nos mecanismos; aquela se aplicaria aos organismos e ao espírito. Quem sabe que vasto individual vai captar um dia essa generalidade informe, ainda não esposada por ninguém, que é a música?

Nesse ínterim, entre os modernos, a música é como uma alma exilada do corpo e que relataria a ele, desde o exílio, quão bela é a unidade de alma e corpo.

É NUMA ALMA sem corpo que pode terminar a *atodecia*, enquanto recusa do individual, se essa recusa se perde do bom caminho de retorno ao real. Para resumir, vimos como esta doença espiritual pode aparecer muito cedo na história, com a "alma" das comunidades, alma que pode, sem prejuízo, rejeitar as consciências individuais, dado estas não se terem alçado ainda à consciência da pessoa. O individual que não tomou consciência de si exprime-se, então, efetivamente, através do geral e não é por ele esmagado, como será tempos depois. Trata-se pois de um mundo do *conhecimento* do geral ou, pelo menos, da crença em algo de geral e, por conseguinte, de um mundo do *sacerdócio* em nome desse geral, tratando-se, igualmente, do universo da regulamentação cerimonial apropriada. Dele resultou, por vezes, uma real estagnação histórica; hoje, não obstante, alguns povos da Ásia transpõem de novo o limiar da história precisamente sob o signo do sacerdócio e da *atodecia*. A doença espiritual em questão assemelha-se, portanto, à *cultura*; por isso, ela pode ser tanto fonte de fecundidade como, ao contrário, expressão da decadência refinada, seja nos povos, seja nos indivíduos.

Na escala individual, esta doença representa o trato com o *geral* e o interesse exclusivo por ele, com, em seu ponto culminante, a obstinação em modelar as verdades e encurralar as vicissitudes do geral. E porque os seres gerais não são dados, a curiosidade do homem volta-se para o *possível*, não para o real, sendo a *atodecia*, portanto, característica de um tipo maior de pensamento filosófico, *crítico* e *dissociativo*. Ela porém não é menos ativa em quase todo homem de cultura autêntico, no momento de sua maturidade, quando a alegria intelectual e as considerações *teóricas* primam sobre a ação, ou seja, quando o *comentário* da vida se torna mais interessante que a vida, quando a modalidade e o advérbio valem mais que a substância temática e o verbo. Nesse sentido, um bom *infinito de matizes* torna-se possível, bem como um sentido pleno para a *liberdade*, diferentemente das liberdades vãs do indivíduo desprovido de sentido geral.

Não obstante, a liberdade, que sempre se assemelha ao geral e que lhe fornece sua inflexão, não é despida de riscos. Pois, se enriquece a compreensão do geral com uma visão mais matizada da *necessidade*, respectivamente do acaso e da lei, ela invoca uma lei que pode muito bem não admitir senão um individual *estatístico* e até recusá-lo de todo no real, permanecendo confinada nas zonas do possível. *Um nada* do conhecimento e da fruição é então seu último resultado, um nada que o mundo contemporâneo experimentou: por isso, partindo da glorificação da cultura enquanto paraíso dos sentidos gerais, ele acabou por topar com o *sentido trágico* da experiência da cultura. E nada faz transparecer melhor os traços da *atodecia* na alma humana que a *música* do mundo contemporâneo, quer em si mesma, enquanto criação, quer pela maneira corrupta e perfeitamente irresponsável como é recebida e percebida.

7
Acatolia

Ao passo que a *atodecia* era a doença típica da cultura, a *acatolia* (a recusa do geral) é típica da *civilização*. Por conseguinte, ela caracteriza tão bem nossa época – em sua versão europeia e, pois, capital para o restante do mundo –, que embora não seja senão uma doença constitutiva do homem, entre outras, merece ser analisada por último, porque é a ela que cabe emprestar a nosso tempo seu traço dominante.

Estudar nossa civilização enquanto obra da *acatolia* parece-nos um ângulo infinitamente mais fecundo – temos a ousadia de dizer – que o de Spengler, que em *O declínio do Ocidente* não via nela senão um fenômeno de esgotamento e o termo inevitável de toda "cultura". Por considerá-la assim, o pensador alemão não podia apreender senão o *negativo* da civilização. Todavia, a recusa consciente do geral, como as duas outras recusas (a da *ahorecia* e a da *atodecia*), está longe de ser um fenômeno de esgotamento que devamos lançar no passivo do homem, enquanto declínio e começo do fim. Por isso, Spengler não pôde compreender, parece-nos, a plenitude quase romântica da revolução técnico-científica, nem as grandes exasperações da inteligência revoltada contra o geral (pois aí está *O homem revoltado* de Camus), nem as colossais explosões, a demográfica e a midiática (a informação deve ser vista aqui por um ângulo positivo, e não como a "curiosidade" que ele havia incriminado), nem, digamos, a renovação esportiva de nosso mundo, seu incrível poder de impelir o pensamento a seus limites últimos (o que nada tem de decadente), abrindo tudo isso, é verdade, caminha às mais intensas catástrofes que a humanidade jamais viveu, mas também aos grandes problemas inovadores que se coloca o homem, nem, enfim, pôde ver ele, na civilização como fenômeno de decadência, a extraordinária promessa de que ela é portadora: a de o homem reencontrar-se precisamente através da negação, como diria Hegel!

Vivemos sob o signo da civilização, ou seja, em seu *elemento*, que se tornou o quinto após os quatro que tradicionalmente compõem o mundo: a terra, a água, o ar e o fogo. Mais particularmente, vivemos no elemento do fogo *frio*, da eletricidade e dos fluxos eletrônicos, que levaram a um maquinismo diferente do primeiro maquinismo, oriundo do fogo ainda quente. Bastar-nos-á só mais um passo para que nossa civilização se torne a do fluxo da energia solar, que estamos prestes a captar (dominando a fotossíntese, o homem se apossaria totalmente dela, para além da "natureza"); ou seja, vivemos, em certo sentido, sob o signo da luz, pela qual, dizia Luís de Broglie (e um pouco os Livros de Moisés, também), tudo começou.

E foi ainda da *luz* que partiu o espírito, há cerca de dois séculos... Porque a razão é demasiado rica, envolvendo demasiado bem o espírito e, com ele, por não ser senão luz, também os fundamentos do coração, o homem moderno fez intervir a inteligência nua e crua, para praticar as "luzes" integrais. A época das luzes surgiu como a negação de todos os sentidos gerais, sobretudo, dos que eram dados de antemão (Deus, em primeiro lugar), e, por sua natural *acatolia*, poder-se-ia pensar que ela não devia reencontrar, por definição, nenhum geral. Não obstante, por ser parte integrante da razão, a inteligência teria certamente reencontrado o espírito em sua plenitude, se a tivessem deixado verdadeiramente livre em seu exercício, como lhe apetecia. Sobretudo, a inteligência não podia requerer, para si e para o homem, unicamente *conhecimentos* e, ademais, sempre positivos, e teria acabado por buscar também *sentidos*. A inteligência compraz-se, é verdade, no cepticismo, mas apenas por um instante; ela logo se emenda e, fazendo renascer das cinzas o espírito, tem de avançar para a luz, pois foi sob o signo desta que ela nasceu.

A inteligência das luzes, contudo, não pôde exercer-se livremente até o fim. Ela foi obnubilada por outras coisas, a saber, o empirismo, o utilitarismo, o sucesso da técnica e de algumas grandes realizações materiais de primeiro grau (que levavam à sociedade de consumo), falhando – por enquanto ao menos – sua grande vocação, para o ser histórico do homem e para o ser *tout court*. O esplêndido lema das luzes "Esclarece-te e existirás" (presente, modestamente, até na versão romena das luzes) acabou por mudar-se em "Esclarece-te, mas porás em perigo o teu ser", que o mundo ocidental vive hoje com surpresa, antes de o viver com terror. Era impossível, sem dúvida, que a *acatolia* das luzes pudesse, melhor que outras doenças espirituais, manter-se por muito tempo em seu desregramento, que fora tão benéfico de início. Mas, como demos a entender, ela logo encontrou outra *acatolia*, a do mundo anglo-saxão, mais tenaz e talvez mais crônica; e então se abastardou.

Com efeito, esta parte das etnias germânicas do norte, o mundo anglo-saxão, parece realmente sofrer de *acatolia* crônica. O mundo nórdico teve destino muito curioso: de 800 a 1200, quando revelou seus mitos, ele não deu uma religião verdadeiramente notável, nem epopeias à altura das epopeias gregas ou indianas, nem sequer o pouco que deu qualquer outro Estado constituído historicamente (como já se assinalou, é antes aos franceses que se deve o Estado inglês) – o que já dizíamos a respeito dos vikings –, mas fez nascer duas vocações sem par no restante do mundo: a vocação filosófica e musical entre os alemães, paralela à sua vocação de artesãos, e a empírico-prática e técnica entre os ingleses, com a invenção da máquina, vocação que terminou por mudar a face do mundo. Em todo caso, a *acatolia* do mundo inglês é agressivamente formulada no "nominalismo", ou seja, a doutrina segundo a qual tudo o que é de ordem geral não é senão nome. A inteligência das luzes não se teria detido em tão pouco; mas, intimidada, tampouco disse mais.

Não obstante, antes de analisarmos os limites deste acatolismo, em que os dois ramos, as luzes europeias e o nominalismo anglo-saxão, puseram o que tinham de mais vigoroso (e o infeliz grande cantor das luzes que foi Voltaire não podia senão sentir desmedida admiração pelo espírito inglês), debrucemo-nos sobre suas grandes realizações. Que o mundo anglo-saxão seja o mundo da *acatolia* parece-nos evidente, assim como nos parece evidente que a Índia vive sob o signo de uma *ahorecia* que a mantém constantemente abaixo e acima da história, ou que a China vive sob o da *atodecia*, que a manteve por séculos na recusa da história, para a precipitar enfim numa história doravante madura para a *atodecia*, ou seja, para a recusa do individual.

As realizações da *acatolia* moderna são de natureza tal que, restringindo-nos à de tipo inglês (com a versão, por vezes excessiva e deformadora, do mundo americano), se poderia dizer que após a Segunda Guerra Mundial, enquanto a Inglaterra perdeu seu Império, o espírito inglês conquistou o mundo. Conquistou, em todo caso, pelo menos o mundo ocidental e a parte da Terra que gravita sob sua influência. Com efeito, os valores anglo-saxões aí se impuseram com inesperada força – e, ver-se-á, alguns deles exercem forte atração igualmente no restante do mundo, sobretudo sobre a juventude –, o que poderia dar aos ingleses um orgulho nacional bem maior que seu recente orgulho vitoriano, antes vaidoso (pois feito unicamente de cerimônia, soberba, autorrespeito exagerado, ritual profano e smoking). Nem falemos da língua inglesa (nem de sua deformação americana), conquanto ela seja parte do espírito, e dominante ademais, que se impõe em grande parte do mundo (incluindo a Europa Ocidental) com sua simplicidade ou, antes, simplismo gramatical, e com sua incrível negligência lexical, a qual aliás lhe permitiu apropriar-se dos tesouros linguísticos de outras línguas, tal como, no século da pirataria, os ingleses, e por vezes não dos menores, se apropriavam dos tesouros espanhóis; uma língua essencial-mente "masculina" e sóbria, segundo os termos do linguista dinamarquês Jespersen, a qual, por conseguinte, perde toda a profundidade do feminino e também todo contato com o que é originário, estando condenada a não poder abrir-se de maneira alguma ao pensamento filosófico; uma língua que, em contrapartida, obtém no espírito – graças talvez à sua pre-cisão (pois ela se preocupa apenas com proposições e não com o *logos* pleno) e, por outro lado, à sua riqueza emprestada e aos extraordinários sintagmas que permite – a grande poesia e a linguagem científica, a canção e a palavra precisa, o slogan, a manchete e o humor; afinal de contas, um esplêndido e per-feitamente organizado gorjeio do homem. Todavia, sem nos determos na linguagem, pensemos nos valores da sociedade e da civilização contemporâneas, os quais, a começar pelos mais triviais, são quase todos de origem anglo-saxã: o jogo, o espor-te, a dança, os novos tipos de diversão, mas também os teci-dos, o vestuário, o salão, o comportamento social e, enfim, o Parlamento, o sistema das liberdades individuais, os comícios e, na cultura, a primazia da sociedade sobre o herói. Pensemos também que este último valor levou ao jornal, à revista e, em todo caso, ao romance, cujas origens remontam ao século XVIII inglês – policial, por um lado, de ficção científica, por outro –, para chegar, no plano cultural, pelo primado do em-pirismo, muito mais operacional que o positivismo francês, e sobretudo pelo primado do fisicalismo e da experimentação – pois, há que dizê-lo, se grandes físicos como Planck, Einstein, de Broglie, Bohr e Heisenberg nos mudaram a imagem do mundo, ingleses como Faraday e Maxwell mudaram o mundo –, para chegar, pois, à máquina e em seguida à eletricidade, criações incontestáveis do espírito anglo-saxão, e por fim à cibernética dos dias de hoje. Em sentido ainda mais largamente cultural, ela gera o culto da exatidão, que substituiu o da verdade, e a lógica matemática – cuja origem anglo-saxã não se poderia contestar –, que ameaça fecundar – mas também esterilizar – todos os ramos das ciências humanas, a começar pela linguística. Para restringirmos nosso domínio, reflitamos somente em quanto deve ao espírito anglo-saxão a maioria esmagadora das inovações técnico-científicas de hoje – que podem acabar por mudar até a natureza humana, pela primeira vez na história conhecida – e então compreenderemos que a *acatolia* anglo-saxã significou e significa algo no mundo.

Concentrada a nossa reflexão unicamente em torno do domínio da renovação técnico-científica de hoje, a qual tornou possível a *acatolia*, europeia em geral e inglesa em particular, parece-nos claro que, definitivamente, tal renovação não foi possível senão porque a *acatolia* se tornou, em determinado momento, preponderante no mundo europeu. Notou-se, com efeito, que também os egípcios teriam podido chegar a técnicas mais avançadas, pelo menos em termos de navegação a vela, mas eles não foram suficientemente acatolizados para sair de seu confinamento histórico; os gregos, por seu turno, sofreram de tudo, exceto *acatolia*, pelo menos em seu período de glória, e por conseguinte relegaram a experimentação e a técnica – à altura das quais eles teriam podido estar, sem nenhuma dificuldade – à categoria dos trabalhos manuais e do artesanato comum; os indianos, que também podiam obter a técnica, sobretudo com sua capacidade de invenção matemática, sofriam demasiadamente de *ahorecia* para se interessar por determinações técnico-mundanas e pelo "domínio da natureza".

A esse respeito, quão bela é a lenda do rei indiano que pediu se cobrisse de couro a terra, para ele não se ferir caminhando, e do sábio que lhe mostrou que para tal era bastante cobrir de couro os próprios pés, calçando-se – o que faz um pensador moderno dizer, com sutileza, que é mais fácil adaptar o homem à natureza do que a natureza ao homem, como quereria por vezes a técnica. E que historiador da cultura poderia duvidar que a China, o império que queimou seus barcos, nos séculos XV e XVI, para não ser tentado a fazer-se ao mar, e onde haviam surgido tantas invenções técnicas, fosse capaz de fazer nascer um vasto mundo tecnológico? Mas só a Europa foi sacudida pela febre da *acatolia* e quis dobrar as criaturas do bom Deus pelas criações da técnica do homem.

Trata-se entretanto de um milagre, que o pensamento filosófico deveria encarar pelo que tem de bom – ao contrário de um Heidegger e tantos outros, incluindo cientistas – antes de condenar o *Homo technicus*, que, coitado, começa a condenar-se e enlouquecer a si mesmo, como fazia um Norbert Wiener. Pois o digamos já: por que os riscos de nossa civilização, que é a civilização do fogo frio, nos deveriam provocar tanto medo? A civilização do fogo quente não comportava riscos equivalentes, pelo menos em sua escala? Quando o homem descobriu o fogo, devem ter aparecido sábios para dizer-lhe que uma criança poderia incendiar as florestas num dia de seca, assim como ele nos incendiou as cidades, feitas por tanto tempo de madeira. Talvez o grande incêndio de Londres – após o qual a cidade foi enfim reconstruída – tenha sido provocado por uma criança, e afirmou-se por vezes que Nero teria ateado fogo a Roma não possuído de loucura, mas em razão de certos projetos de urbanismo que ele acalentava. Os riscos de nossa civilização são os mesmos a que se expõe toda e qualquer civilização.

Mas tudo isso, a começar pela renovação técnico-científica, não são mais que *consequências* da *acatolia*. Por isso, é conveniente começar a estudar a doença em si mesma, antes de tentar analisar-lhe os limites e os riscos para o homem, a saber, os limites e os riscos *espirituais* para além dos riscos acidentais.

COMO QUALQUER DOENÇA espiritual, a *acatolia* pode ser desencantada no homem, em suas idades e comportamento, da mesma forma que o pode ser no plano dos povos e das sociedades. Em Don Juan, com que ilustramos desde o início a *acatolia*, a recusa do geral era um gesto provocador; mas, enquanto recusa, pode significar no homem também uma digna tentativa, por vezes sutil e positiva, outras resignada, de ser e de fazer com que as coisas existam sem a ajuda de nenhuma *investidura de exceção*. Expressão da lucidez e da maturidade crepuscular, a *acatolia* aparece, quer enquanto fenômeno de cultura, quer simplesmente enquanto fenômeno de vida espiritual, como uma renúncia aos sentidos gerais, incontroláveis, e como um retorno à responsabilidade, ante os sentidos individuais, reais, no conhecimento (o positivismo), na pessoa humana ou na esfera da sociedade histórica. O que doravante interessa na indiferença a todo sentido geral é a aplicação de determinações e manifestações de todos os tipos a situações reais. Deixadas livres, as manifestações do mundo e as do homem representam, ao mesmo tempo, seu caos. Por isso, elas têm necessidade de uma base e de uma verdade. A verdade das nuvens na imensidão do céu é a chuva. *Existe* tudo o que existe aqui e agora. O derradeiro critério do ser e da ordem nesta perspectiva é, por conseguinte, o individual.

Se nos for permitido deixar de lado por um instante a austeridade das formulações teóricas, poderemos então dizer que deve existir no seio da realidade a mesma situação que aparece no romance policial: tudo o que acontece se organiza ao redor de uma culpa *singular*. Há, pois, que captar o individual, há que encontrar o culpado. Terá tal afirmação do individual, na ausência de todo sentido geral, algo de ontologicamente absurdo? Quer não o percebamos nós – e é esta a experiência do homem comum, que se contenta com o *hic et nunc* –, quer o reivindiquemos abertamente, com o humor britânico ou com a gratuidade (André Gide) e o absurdo contemporâneo, trata-se do *nonsense* da história nua e crua, o fato histórico puro e simples, pois aqui como na natureza há uma larga parte de história não significativa; não se trata senão de condensação e de concentração cegas em situações de realidade, as quais não representam para esta última senão ocasiões de extinção, Poder-se-ia ver aí o não ser, mas, em certo sentido, tal foi, algumas vezes, o *ser da história*; e, em todo caso, tal foi sua exatidão. Ernest Renan encontrou verdadeiramente, seguindo-lhe o rasto até Jerusalém, Jesus de Nazaré. (É verdade que encontrou somente o de Nazaré, e não Jesus Cristo.)

Na verdade, já houve, no passado, épocas e civilizações de acesso ao geral, e a história significava então, como entre os fenícios e especialmente entre os cartagineses, a concentração em torno de certas realidades individuais – cidades ou comunidades fundadas em interesses comuns – das determinações históricas, desprovidas de sentido geral. É possível que todos os povos de *comércio* sejam assim; assim foram, em todo caso, os venezianos (que "ideia", por exemplo, se lhes poderia atribuir?), tal como hoje, privilegiando o econômico organizado e a boa administração, os suecos e os suíços já o são, e talvez também os ingleses, ao término porém de uma experiência histórica mais plena. Significativamente, em todos estes povos a história escrita se transforma em crônica, ou seja, a consignação dos acontecimentos cantonais e paroquiais, em sua perfeita nudez. Vive-se aliás, no plano literário, a época das Memórias, do jornal e dos registros em fita. Mas, na ausência do sentido geral, o encanto biográfico que nutria a primeira versão da história, tal como a concebia Goethe, está doravante ausente. Restam então a objetividade e o positivismo dos processos verbais.

Esses processos verbais, com o material variado, mas desprovido de horizonte histórico, da vida de uma sociedade, acumulam-se a tal ponto que parecem anular, na explosão midiática que provocam, a história escrita e constituída em obras. Ali onde falta o geral, já não há lugar, com efeito, para a história, no sentido superior, assim como a ausência de código jurídico leva, entre os ingleses, à simples prática jurídica. É possível que toda a Europa Ocidental, voltando-se doravante para o individual, esteja em vias de entrar no que iremos chamar a experiência histórica da "particularização".

Mas esse mesmo retorno ao individual, descrito anteriormente como experiência histórica da indiferença pelo geral, pode igualmente encontrar-se na consciência do homem. O homem jamais se demora muito tempo em saborear as delimitações que pode dar aos sentidos gerais ou neles descobrir. Se ele encontra conhecimento nesse deleite, não encontra sabedoria prática, e sabe que tal deleite não passa de uma forma de evasão. Chega a idade da lucidez, quando o homem se pergunta o que vai legar a este mundo, o que nele tem valor e o que não o tem, e já não se ocupa dos mundos possíveis. Ele então deixa de lado os sentidos gerais e tenta ver quanto vale cada coisa, ou seja, que riqueza de determinações se poderia condensar em cada situação individual. Goethe escreve *Dichtung und Warheit* e depois, mas na mesma idade do homem, é capaz de dizer que, quando a pessoa se volta para sua vida passada, não experimenta senão pasmo. A sabedoria é o consentimento incondicional. Após ter querido mudar tudo, em ato ou pelo menos em pensamento (agindo sobre os sentidos gerais), o homem doravante aceita o mundo tal como é.

Pois, se não havia nada de bom nele, como poderia ele existir e perdurar? Quando um pensador como Hegel, com sua extraordinária maturidade última, percorre de uma penada todas as etapas até a idade final do homem, ele aquiesce a todas as coisas, dizendo: "Tudo o que é real é racional." Mas Hegel dava ao racional o sentido de uma vasta e superior generalidade, ao passo que o homem comum o diz nesta idade com submissão apenas, como a apreende sua sabedoria grosseira.

Tudo está em ordem agora. Alegra-te de ver os fatos encarregarem-se de toda a ambrosia do mundo e já não busques nele impossíveis sentidos gerais, Assim como nas narrativas se alinham vida após vida, lembrança após lembrança, aventura após aventura, assim se ordenam as coisas, agora, uma após outra, e toda tentativa de justificação geral lhes daria um ar incongruente, excessivo e absurdo. *"Wie es auch sei das Leben, es ist gut"*, dizia Goethe em nome de todos os que chegaram à idade da lucidez acatólica.

Nesta idade dizemo-nos que somos demasiado injustos com a vida imediata. Ano após ano, amamos na existência seu "ideal" e não sua realidade, amamos nela, conscientemente ou não, uma espécie de geral que a realidade trazia em si. Todavia, a piedade para com os deuses implica amiúde a impiedade para com os homens e as coisas. Nos últimos anos, quando rompemos com tantas formas de piedade, a sabedoria ou certa resignação pode fazer-nos reencontrar *com piedade* o imediato. Não soubemos ver a tempo a beleza nem sua excelência. Há mais verdade no mundo que nos cerca que na filosofia, Horácio – dizemos nós agora, com Shakespeare, inflamados por uma *acatolia* sagrada. E entregamos o geral a seu céu etéreo, para já não amar senão a riqueza de determinações acumuladas nos seres e nas realidades particulares.

À alegria de fazer justiça ao real imediato corresponde plenamente uma das modalidades de criação do homem enquanto artista, modalidade aliás que a técnica moderna veio favorecer dia a dia. Com o homem moderno, a *acatolia* encontrou seus próprios meios e sua própria arte. Criar pode significar não somente obter a projeção do individual em algo geral mas, também, na indiferença por todo geral, condensar um mundo de manifestações e até de simples miragens· em destinos e em figuras individuais que as sejam capazes de fixar. E como a visão é o principal sentido fixador (tendo os quatro outros como uma propensão para o que é difuso) e o que parece verdadeiramente dar ao homem o poder de delimitar tanto a ideia (que também para os gregos era ligada à visão) como a imagem real, esse gênero de criação será o do *visual*. Tudo se pode traduzir em imagens, como se o ato criador consistisse em transportar ou transpor um mundo para uma tela. Por isso, num mundo acometido de *acatolia*, aparecem as novas artes da tela, sobretudo a cinematografia, com suas veleidades de fixar tudo no individual, incluindo a imaginação mais desenfreada, mas também com a miséria de sua condição: não encontrar seu equilíbrio artístico último – e igualmente ontológico –, que é o dos sentidos gerais.

Com efeito, por que essas determinações, livres como são, se fixariam em tais realidades individuais e não em outras? Há nessa fixação em simples imagens como uma forma de fundamento não fundado. As manifestações que demandavam fixação terminam, ao fim e ao cabo, na instabilidade de casos particulares (como aliás no romance moderno) condenados a proliferar ao infinito, para responder assim, com algo da ordem da quantidade, à carência fatal de sentido. Onde falta até o eco do sentido geral, tudo soçobra no mau infinito dos particulares. A alegria de fazer justiça ao real transforma-se – tal como nossas vidas vazias de sentido – em sentimento do nada.

No imediato, contudo, nada anunciava o nada. "Há que cultivar nosso jardim", repetirá incansavelmente o mesmo

Voltaire, reencontrando a alegria do particular e de sua escolha incondicional. Cada vez o positivismo – tão mal denominado positivismo quanto o é a eletricidade "negativa" que em verdade é positiva – nos dava, num primeiro momento ao menos, a ilusão de uma boa conversão ao individual e seu idiomático. Apenas, estaríamos assim ocupados com os "dialetos" do ser, sem tentar alçar-nos a suas "línguas". Não obstante, uma espécie de *logos* geral permanece ativo em todas as línguas do mundo, como nos "códigos" do ser. Recusando-o, porém, encerramo-nos em delimitações que isolam e em limites que aprisionam. É possível que todas as coisas do mundo assim procedam, a certa altura de sua existência, esgotadas pela tensão de um geral demasiadamente solicitado. Então, elas enterram-se em si mesmas, entrando em inelutável implosão. Com este universo de estrelas extintas, onde já nenhuma forma de geral está ativa, é um nada de extinção que se insinua no seio do real; uma vasta insignificância, ou a experiência rude da nulidade.

E ainda quando não esteja verdadeiramente presente o sentimento do nada, permanece o de uma universal *contingência* das realidades e de nossas próprias vidas. Mas, diferentemente do possível, com que é muito amiúde confundido, o contingente não representa de modo algum uma expressão do positivo (trata-se no máximo de uma expressão "positivista"). Ele até parece ser-lhe, em certo sentido, o inverso, pois o possível é sempre suscetível de dar a si mesmo novas determinações, ao passo que o contingente as *encerra*, concentrando as determinações numa situação individual. Enquanto possibilidade atualizada, o contingente não poderia ser o equivalente de uma atualização possível: a contingência de uma situação significa precisamente a extinção de sua possibilidade. Tudo não passou de acaso.

E, neste sentido, trata-se ainda de outro tipo de acaso, diferente daquele que Jacques Monod invocava e que significava a instituição aleatória de uma ordem que, em seguida, se mudava em necessidade. A esse respeito poder-nos-íamos perguntar se não haveria lugar, no seio mesmo da natureza, para uma espécie de esquecimento do geral, ou se nela não estava inscrita uma liberdade com relação ao geral, uma *acatolia*, que a precipitasse em sua própria dissolução enquanto *ordem* natural. Os próprios biólogos se perguntaram se as espécies teriam ou não uma realidade bem-definida, e os médicos, se não seria mais judicioso falar unicamente de doentes, não de doenças, isto é, de exemplares individuais e não de classes. O acaso exibiria então um novo avatar, repousando, porém, desta vez, no geral; ele manifestar-se-ia agora como sua possível aparição de um instante. Em todo caso, pelo menos como hipótese de trabalho, é possível conceber tal natureza, que transgrida em permanência tudo quanto tende a receber e guardar um aspecto de generalidade, partindo assim para a guerra contra toda forma *a priori* e já não se consagrando senão a seus exemplares irrepetíveis.

Na verdade, se estendemos a noção de "natureza" até o homem, podemos dizer que hoje se chegou a tão forte concentração da natureza na sociedade humana (ou seja, à sua total integração no homem), sendo a sociedade humana vista como um vasto individual no seio da vida, que a natureza se tornou totalmente indiferente a tudo mais, permitindo que desapareçam, sucessivamente, as espécies que até recentemente haviam parecido indispensáveis a seu equilíbrio. É evidente que a natureza se esteriliza ao contato do homem, assim como o homem pode esterilizar-se espiritualmente por certos excessos da civilização, ocasionados precisamente pela *acatolia*. Elevando-se até o homem e entregando-se a ele, a própria natureza se "civilizou". Ela saiu do estado de natureza, permitindo que o ser mais denodado que ela pudera instituir, o homem, passasse a dispor dela.

Quanto ao homem, com sua *acatolia* – que já não é metafórica, como se poderia considerar a da natureza –, ele dispõe dela efetivamente. O fato pode surpreender, à primeira vista. Se a recusa do geral deve provocar um retorno à realidade imediata, à piedade para com ela, e fazer-nos reencontrar nosso jardim, seria de esperar que o homem acatolizado, o posterior à Renascença, por exemplo, reencontrasse, como digno discípulo de Rousseau, a natureza e reencontrasse a si mesmo na natureza e não contra ela. Poder-se-ia até dizer, à primeira vista, que o homem moderno não é muito acatólico, dado que procurou na natureza suas leis científicas, isto é, o geral. Mas objetaremos que ele nunca mais invocou muito a natureza como sentido geral em si nem procurou as leis deste todo, mas as leis livres, compreendidas como sistemas de relações; e as leis como relações (a ideia de função, que substituiu a ideia de substância da Antiguidade, como dizia Cassirer em *Substanzbegriff und Funktionsbegriff*) já não são gerais concretos, mas gerais abstratos, um tipo de determinações que se aplicam ao indivíduo. As relações não têm por "geral" senão o geral abstrato de sua forma, matematicamente simbolizável. Por isso, foi a matemática (em conformidade com a experimentação, ou seja, a natureza distorcida) que decidiu do mundo ocidental, e não a ontologia, isto é, a problemática do ser. Que resta, então, afinal de contas, da natureza e da piedade para com seu individual?

Na verdade, resta tão pouco de piedade que o mundo moderno ser viu obrigado, como era de esperar numa verdadeira *acatolia* onde já não sobrevivem senão as determinações do individual, a *inventar* seu próprio Universo de individuais naturais. O universo da técnica não só não reclama para si o ser (como o podiam fazer as realidades absolutas dos sistemas de crenças, míticas ou religiosas, do passado) mas, conquanto também ele se assemelhe a uma forma de demiurgia, encontra seus fundamentos nas ciências que, a exemplo da matemática, da física matemática e da lógica matemática, recusam abertamente toda a problemática do ser, tratando a realidade, no máximo, como uma "matéria". Mas, em verdade, como um punhado de simples determinações (uma "asa" suplementar num avião mais rápido, ou um dispositivo a mais, como uma máquina de calcular qualquer coisa mas nada de determinado) poderiam ter o estatuto do ser? O universo que a civilização técnica fez surgir é, num primeiro momento – se aparece numa sociedade que não tem bom enraizamento na ideia –, semelhante em todos os pontos ao universo incipiente que um présocrático imaginava, no qual flutuariam, de maneira caótica, braços, pernas, corpos desmembrados e destroços de coisas no oceano do elemento universal.

Que resta para o homem fazer em tal mundo que já não "se sustenta" porque já não contém a verdade, ainda que pressuposta, é claro? Ele tem de reencontrar suas certezas graças à exatidão. As certezas que concernem à parte curam da incerteza do todo. Assim como é revelador que as ciências hoje em dia dominantes já não façam intervir axiomas, mas simples postulados, ou que seus axiomas já não sejam senão postulados bem escolhidos que conduzem a deduções muito seguras, assim é revelador que o imperativo de exatidão e precisão e a necessidade de dizer que isto é isto e não aquilo se imponham hoje com tanta força. Foi dito e feito tudo quanto tinha de ser dito e feito. Eis o mundo da filosofia analítica, da lógica matemática, da cibernética, o mesmo mundo do romance policial ou da construção gratuita, econômica ou social, o mundo da sociedade de consumo.

E agora se pode ver claramente, em especial no indivíduo, o que é o universo da *acatolia* em si, com suas manifestações quase clínicas. Os desregramentos do acatólico tornaram-se-lhe virtudes: a ordem imediata no mundo (em seu lar, em suas ideias, em seus discursos, na sociedade), a precisão em tudo o que ele faz, a dignidade diante dos outros e diante de si mesmo, a civilidade, a *polidez*, Que extraordinária a página do pensamento chinês onde aparece a "queda" que é o quinhão do acatólico: "Assim, após a perda do Tao vem a virtude; após a perda da virtude vem a compaixão; após a perda da compaixão vem a justiça; após a perda da justiça vem a polidez; a polidez é a casca da lealdade e da confiança, mas também a fonte da desordem"![55]

Para o homem da *acatolia* não pode tratar-se de uma questão de Tao, de um geral último qualquer, dado que isso é precisamente o que ele rejeita; tampouco a virtude lhe é verdadeiramente acessível, pois ela deveria fundar-se por uma concepção ética. Ele poderia ter amor ao próximo, mas também este amor se apoia numa ordem geral, a do coração, num *ordo amoris*, e o acatólico não aceita o geral, nem sequer sob as espécies de uma simples ordem que lhe preexistisse. Restar-lhe-ia a justiça? Mas – como se vê no direito inglês – ela não pode ser, para o acatólico, senão uma boa *prática* consagrada pela tradição, como direito consuetudinário, que se apoiaria, por conseguinte, em casos particulares e não em princípios. Que resta então por fazer para que o mundo e a sociedade se sustentem apesar de tudo? Já não resta senão invocar o respeito ao homem, a dignidade pessoal e interpessoal, o *fair-play*, a civilidade, a polidez. E no entanto é possível a sociedade fundada na simples "polidez", sociedade que por vezes até adquire esplêndida e inesperada consistência! Não há sequer malfeitor que se considere desprovido do sentimento de respeito e de *fair-play*: se os policiais ingleses não portavam armas, era porque tampouco o agressor fazia uso

---

[55] Lao-tsé, *Tao-tö king*, XXXVIII, Bibliothèque de la Pléiade, p. 41. (*N. da F.*)

delas, por menos que conservasse um resto de humanidade. Uma das mais notáveis "sociedades" da história constituiu-se tendo por base unicamente a polidez, ativa em cada uma das consciências individuais, os átomos intercambiáveis da coletividade. Pois a sociedade já não é, aqui, senão a soma dos indivíduos, e nada pertence propriamente ao todo.

O indivíduo dotado de *self-respect* e de respeito aos outros torna-se, afinal, na experiência *consumada* daquela família exemplar da Bíblia, o irmão do filho pródigo. Desiludido por ver que sua lei deixou de ser também a lei do pai, ou que o pai, gerador da lei, infringe, a seus olhos, a própria lei, o irmão continua a cultivar a submissão, a consciência do dever, mas, voluntariamente, esquece a lei. Ele, que experimentou como ninguém o geral, torna-se acatólico. Já não lhe interessa a verdade, somente a exatidão. Não obstante, aqui também o excesso pode estar à espreita. Foi o que se deu com o pietismo (uma seita de irmãos do filho pródigo), no plano da experiência religiosa; foi também o que se deu com o positivismo, no plano do conhecimento (os positivistas são os irmãos dos filhos pródigos da audácia no conhecimento científico e filosófico). Intervém aqui a submissão ao objeto e aos limites (o positivismo fala claramente dos limites do conhecimento) e, no plano político, a liberdade com responsabilidade, ou, antes, as liberdades, com sua exigência de alcançar um estado concebido como "coexistência das liberdades"; no plano econômico, surge o liberalismo (*laissez faire, laissez passer*),[56] regulamentado, porém, para não redundar na anarquia; no plano moral e social, uma espécie de respeito mútuo, de "deixar acontecer", que em verdade não é senão negligência; no plano da cultura, o primado da exatidão e a referência à

---

[56]Em francês no original. (*N. da F.*)

instância suprema de controle, que gostaria de verificar com a exatidão da matemática ou, mais precisamente, da lógica matemática. O irmão do filho pródigo, que começara por ler Cícero, acaba por dedicar-se à lógica matemática. Quanto à ação, ela é pragmática, de modo algum ligada a princípios ou ideologias: *wait and see*. Os princípios não poderiam produzir nada de bom, e a lei não significa senão leis, assim como a liberdade não significa senão liberdades individuais. "Deus está morto." Resta-nos apenas a civilidade e a exatidão.

É totalmente natural, aliás, que o homem da cortesia e da precisão tenha aparecido no mundo anglo-saxão (incluídos os Estados Unidos), como já assinalamos (seus criadores, todavia, não poderão aparecer senão entre os não conformistas). A esse homem, porém, podemo-lo pressentir, se não até identificar, em muitas outras zonas da Europa de hoje e mui particularmente no mundo espanhol, onde ele parece apoiar-se num glorioso passado. Quando seus exemplares de grande envergadura não são movidos pela genialidade de outro desregramento, como Don Juan ou D. Quixote, o homem superior do vasto mundo espanhol sofre antes do desregramento de uma personalidade excessiva e de uma orgulhosa *dignidade*. Especialmente no homem de cultura, a dignidade significa a certeza última do pensamento. Ardendo de *acatolia*, debruçado pois com esplêndida competência sobre *este mundo*, ele explica-o com a precisão do pensamento que já não deixa espaço, após sua minuciosa radioscopia, para a ideia. Tal exemplar se apresenta a nós com os traços de Martínez Estrada (basta ver-lhe o retrato na capa de seus livros para nos apercebermos do complexo de segurança que o habita), com sua célebre *Radiografía de la Pampa*, livro repleto de pensamentos encantadores (acerca do gaúcho, do tango, da faca e de tantas outras coisas), onde porém não aparece a menor *ideia*, se não chamamos ideia o pensamento que se volta para o pensamento. Aqui as determinações se concentram verdadeiramente numa situação ou numa realidade individual, e o fazem *sem resto*; eis por que elas já não podem – nem querem, aliás – remeter à ideia. Os que não invocam o geral recusam a ideia. Basta-lhes a exatidão.

No mundo da exatidão, as artes podem sofrer incontáveis distorções e renovações, no sentido do "novo" romance, espectroscópico, e da arte abstrata, ou, ainda, no sentido da música eletrônica e da literatura de resenha; mas todos eles guardarão um lado "desconfortável" aos olhos do acatolítico, à exceção do *cinema*.

É verdade todavia que ainda há espaço, ao lado da arte da tela, espectral e espectroscópica, para outra arte, uma espécie de arte do diagnóstico exato: não somente a arte do "isto é isto", à maneira da *Radiografía de la Pampa*, mas também a do "isto não é senão isto". No último caso, chega-se, na *acatolia clássica*, ao cômico (e por vezes a algo ainda mais profundo), ao passo que a *acatolia* contemporânea redunda no *nonsense* e no absurdo. O autor cômico, com sua natural *acatolia*, isto é, com sua maneira de "não respeitar nada" (trate-se de Aristófanes, Molière ou de nosso Caragiale),[57] sempre denunciou as esquisitices e a tolice do mundo, e muito amiúde desperdiçou seu gênio e sua própria inteligência denunciando a tolice dos outros. Por isso, o gênero cômico sempre foi menos fecundo – seus criadores, aliás, sempre foram menos numerosos –, e, por mais alto que coloquemos, por exemplo, Molière, teremos de admitir que o realçar a esquisitice *dos outros* é limitado e estéril, quando não sabe apoderar-se do próprio espectador e obriga-lo a escarnecer

---

[57] Ion Luca Caragiale (1852-1912), homem de teatro e escritor romeno, célebre por suas sátiras sociais, onde o absurdo verbal e o lugar-comum constituem as principais fontes do cômico. (*N. do R.*)

de si mesmo. Mais profundo que o cômico, portanto, e ainda na perspectiva da *acatolia*, parece-nos o sentimento do ridículo, presente, por exemplo, na obra de Cervantes, que, fazendo-nos rir de D. Quixote e de sua *horetite* aguda, nos sugere, involuntariamente talvez, que não se trataria somente da esquisitice da personagem mas da de todos nós. Mais apropriadas, igualmente, que as obras clássicas parecem-nos, na mesma perspectiva, as criações contemporâneas baseadas no *nonsense* e no absurdo, pois também elas denunciam não apenas o risível e o absurdo dos outros mas o nosso, ou seja, o dos leitores e espectadores, o dos homens enquanto tais. Com um Voltaire as coisas se restringiam ainda à desmistificação e à sátira, por mais bem-sucedidas que sejam; com um Anatole France (quase esquecido hoje em dia) elas reduziam-se ao exercício da inteligência, erudita e cheia de graça, de dizer que "isto não é senão isto". Com o *nonsense* e o absurdo de um Ionesco, em contrapartida, pode-se obter e por vezes se obtém algo mais profundo: aqui, a *acatolia* atinge seu limite, denunciando precisamente aquilo a que ela conduz com a recusa do geral, a saber, a ausência de sentido e o absurdo. E isso diz respeito a todos, pois em cada um de nós a semente da *acatolia* permanece prestes a germinar.

Não obstante, assim como a música nos parecia caracterizar a *atodecia*, agora é a arte nova, a cinematografia, e não os expedientes das artes tradicionais, que nos pode dar a medida e a cor (cinzenta) da *acatolia*. Marcada pelo signo da precariedade (ontológica, afinal de contas) de não ter nascido do geral, como as outras artes da espiritualidade religiosa ou humana em sentido amplo, a cinematografia encontrou para si uma extraordinária *função* artística, sem no entanto tornar-se uma verdadeira arte. Na verdade, ela, desde o início, cumpriu *duas* funções: adquiriu tanto um sentido de arte popular – como o tinha, segundo se diz, antes da Renascença, e até na Antiguidade, o teatro, que não fazia nenhuma distinção de classe – como a função de servir de campo artístico de *experimentação* a criadores que já não se sentem a gosto nas artes tradicionais. Em ambos os casos, a cinematografia corresponde a um mundo onde prepondera a *acatolia*. Hoje as massas já não querem ensinamento nem sentido, recusando instintivamente o geral que lhes ofereciam outrora as grandes obras e os grandes livros de sabedoria da humanidade, mas, "esclarecidas" como são, reclamam, na falta de sentidos gerais, diretores na arte, a simples "evasão" pelo espetáculo; e é certo que, por este fato e sob o impacto cada vez maior da *acatolia* de nossa civilização técnica, a cinematografia conservará sua popularidade. A partir de agora essa semiarte se mantém generosamente à disposição do criador para novas experiências artísticas, ali onde a profusão de imagens e de pensamentos não cessa de preencher o vazio deixado pela deserção da "ideia". É provável que precisamente na cinematografia se tente em futuro próximo, com o máximo de felicidade, dar estatuto artístico às exigências espirituais impostas pela *acatolia* da civilização técnico-científica. E quem sabe se, mergulhando no individual, no humano e no contingente, o espírito ocidental não reencontrará um dia, às avessas talvez, o céu?

Nesse ínterim, vivemos num mundo onde o instrumento artístico mais difundido, o cinema, não produz arte, onde as realidades e os objetos mais numerosos, as criações técnicas, não têm investidura ontológica, e onde os conhecimentos locais menos incertos e mais indispensáveis ao homem moderno, a saber, os conhecimentos históricos e sociais, já não têm leis. Algo está desabando no mundo da *acatolia*, apesar de suas muralhas de exatidão. Já não resta ao homem, sobretudo o europeu, senão reencontrar, graças à contribuição de outros mundos do planeta – o oriental, o sul-americano e até, talvez, o infraeuropeu – e ao contato com as demais doenças, sua própria riqueza espiritual, a fim de trilhar assim, ultrapassando o espírito de exatidão, alguns caminhos para a verdade, e reencontrar seu lugar de homem verdadeiro, não de laboratório, no mundo do espírito.

NOVAMENTE NOS É muito simples resumir os principais aspectos da doença. Doença da *civilização*, a *acatolia* invocou, ao mesmo tempo, em sua versão europeia, a *inteligência nua e crua* e as Luzes, a inteligência *prática*, o empirismo e o nominalismo anglo-saxão, conduzindo ao inesperado mundo da técnica e do maquinismo, como, num plano superior, a todo um sistema de valores: o sistema anglo-saxão, que foi em grande parte imposto ao mundo moderno. É verdade que, na base, esta experiência espiritual não é nada mais que a velha experiência dos povos do *comércio*, assim como seu retorno ao real não é senão um velho pendor de todas as sabedorias do *imediato*; é verdade, ainda, que ela corre o risco, ao mergulhar na *pluralidade* dos casos individuais, das resenhas e das estatísticas, de reencontrar o nada (quão triste e significativo é o elogio que se fez a Balzac por ter feito concorrência ao estado civil, isto é, às estatísticas, ao passo que os Heróis faziam concorrência aos deuses!). Não obstante, no novo caos produzido pela recusa do geral, apareceu a necessidade da certeza, sob o aspecto da *exatidão*, que permitiu esplêndidas realizações científicas locais e conferiu à *matemática*, ou ao menos à lógica matemática, uma preeminência miraculosa e, talvez, inovadora para o espírito. No plano humano e social, a *acatolia* nova conduz à dignidade pessoal e à consolidação da sociedade com o simples cimento do respeito a si e aos outros. As artes, naturalmente, poderiam sofrer neste mundo da *acatolia*, pois elas normalmente se nutrem da substância do geral. Mas as artes da *tela*, em particular a cinematografia, são, apesar de toda a sua miséria aparente e talvez apenas inerente a seus inícios, as únicas que podem manter aberto o Livro do mundo na história do espírito, assim como a revolução técnico-científica abriu novamente o Livro do homem enquanto ser psicossomático.

A sexta doença poderia, então, ser a sexta promessa da Terra, acima da qual as precariedades do ser exercem, na versão do homem, sua magia.

fim

EDIÇÕES BESTBOLSO

Alguns títulos publicados

1. *Uma história íntima da humanidade*, Theodore Zeldin
2. *A condição humana*, André Malraux
3. *Carne e pedra*, Richard Sennett
4. *Uma mente brilhante*, Sylvia Nasar
5. *O reino de Deus está em vós*, Liev Tolstói
6. *História concisa da Revolução Russa*, Richard Pipes
7. *As seis mulheres de Henrique VIII*, Antonia Fraser
8. *Lendo Lolita em Teerã*, Azar Nafisi
9. *O abolicionismo*, Joaquim Nabuco
10. *O livreiro de Cabul*, Åsne Seierstad
11. *O último cabalista de Lisboa*, Richard Zimler
12. *O jardineiro fiel*, John Le Carré
13. *Antes que anoiteça*, Reinaldo Arenas
14. *A queda*, Albert Camus
15. *A peste*, Albert Camus
16. *O estrangeiro*, Albert Camus
17. *O mito de Sísifo*, Albert Camus
18. *O Lobo da Estepe*, Hermann Hesse
19. *O jogo das contas de vidro*, Hermann Hesse
20. *Pedro Páramo*, Juan Rulfo
21. *O pêndulo de Foucault*, Umberto Eco
22. *Baudolino*, Umberto Eco
23. *O grande Gatsby*, F. Scott Fitzgerald
24. *O diário de Anne Frank*, Otto H. Frank e Mirjam Pressler
25. *O poder e a glória*, Graham Greene
26. *Doutor Jivago*, Boris Pasternak
27. *As vinhas da ira*, John Steinbeck
28. *Exodus*, Leon Uris
29. *A grande travessia*, Pearl S. Buck
30. *Antologia de contos extraordinários*, Edgar Allan Poe

Este livro foi composto na tipografia Minion Pro, em corpo 10,5/13, e impresso em papel off-set no Sistema Digital Instant Duplex da Divisão Gráfica da Distribuidora Record.